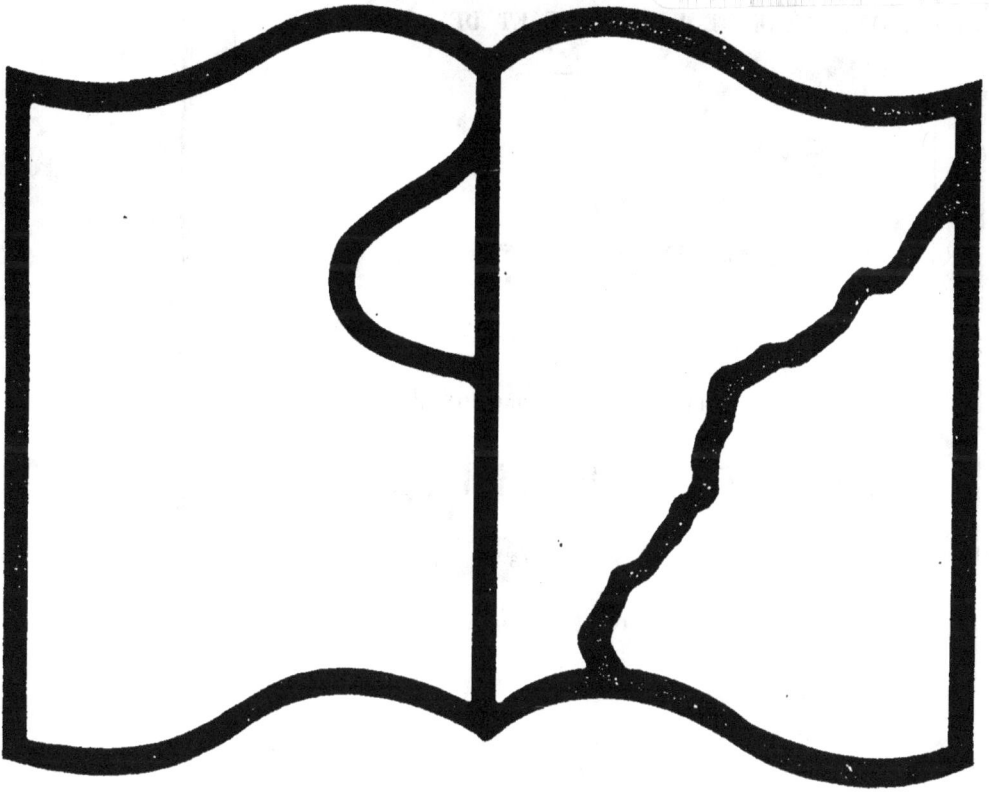

Texte détérioré — reliure défectueuse

NF Z 43-120-11

MINISTÈRE DE LA MARINE ET DES COLONIES.

INSTRUCTION

DU 2 JUILLET 1828

RELATIVE À LA RÉDACTION

DES ACTES DE L'ÉTAT CIVIL

À BORD DES BÂTIMENTS DE L'ÉTAT

ET DES NAVIRES DU COMMERCE.

BÂTIMENTS DE L'ÉTAT.

INSTRUCTION

DU 2 JUILLET 1828

RELATIVE

AUX ACTES DE NAISSANCE ET DE DÉCÈS,

A CEUX

DE RECONNAISSANCE D'ENFANTS NATURELS,

AINSI QU'AUX PROCÈS VERBAUX ET TESTAMENTS

A DRESSER PENDANT LES VOYAGES DE MER

A BORD DES BÂTIMENTS DE L'ÉTAT ET DES NAVIRES DU COMMERCE,

MODIFIÉE CONFORMÉMENT AUX DISPOSITIONS DU DÉCRET DU 20 MAI 1868
SUR LE SERVICE À LA MER

PARIS.

IMPRIMERIE NATIONALE.

—

1879

INSTRUCTION

Relative aux Actes de naissance et de décès, à ceux de reconnaissance d'enfants naturels, ainsi qu'aux Procès-verbaux et Testaments à dresser, pendant les voyages de mer, à bord des bâtiments de l'État et des navires du commerce.

DISPOSITIONS PRÉLIMINAIRES.

Les personnes chargées, d'après le Code civil, de remplir, à bord des bâtiments de l'État et des navires du commerce, *pendant les voyages de mer,* les fonctions dévolues, à terre, aux officiers de l'état civil et aux notaires, seront désignées, dans la présente instruction, sous le titre d'*officiers instrumentaires.* <small>Officiers instrumentaires.</small>

Un voyage de mer est censé *commencer* au moment où le bâtiment ou navire a levé l'ancre, ou démarré et fait route (au moyen de ses voiles, de ses embarcations, de ses avirons ou d'une machine à vapeur); et *finir* au moment où ledit bâtiment ou navire désarme, soit dans le port du départ, soit dans tout autre. <small>Définition du voyage de mer.</small>

La compétence des officiers instrumentaires semblerait donc devoir durer, à bord, pendant cet intervalle de temps, bien que les bâtiments ou navires eussent pu relâcher, pour un motif quelconque, dans des ports français ou étrangers. <small>Compétence des officiers instrumentaires.</small>

Cependant, les mots *voyage de mer* annonçant que le législateur a eu l'intention de limiter la compétence des officiers instrumentaires aux seuls cas où les bâtiments ou navires *ne peuvent communiquer,* on va préciser ici les circonstances dans lesquelles cette compétence doit être suspendue, et celle où elle doit être pleine et entière.

1° SUSPENSION DE LA COMPÉTENCE.

Il y a suspension de la compétence, lorsque les bâtiments ou navires relâchent ou séjournent dans des rades et ports, ou qu'ils se rendent d'un port situé dans une rivière, à une rade ou à la mer, et *vice versa,* et *qu'il y a possibilité,* pour les officiers instrumentaires, de communiquer, soit au départ, soit au retour, avec les autorités civiles à terre, ou, s'il y a lieu, avec les autorités sanitaires, <small>Toutes les fois qu'on peut communiquer avec la terre ou avec les autorités sanitaires.</small>

SAVOIR :

1° En France;

2° Dans les colonies françaises;

3° Dans les pays étrangers où il existe des agents diplomatiques, consuls ou vice-consuls de France ayant pouvoir de dresser les actes de l'état civil et les testaments.

<small>Dans ce cas, aucun acte ne doit être dressé à bord.</small>

Les officiers instrumentaires placés dans l'une ou l'autre de ces positions ne devront rédiger, à bord, aucun acte de l'état civil ; ils se borneront à indiquer sur les rôles d'équipage, en marge des noms des individus, les dates des naissances et les lieux où les actes auront été dressés par les autorités civiles ou sanitaires; ils auront, en outre, à se conformer aux dispositions suivantes.

PORTS, RADES ET RIVIÈRES DE LA FRANCE.

LIBRE PRATIQUE.

<small>Avis à donner aux officiers de l'état civil des naissances et décès qui ont lieu à bord.</small>

Le Ministre de la marine enjoint aux officiers instrumentaires de donner *avis* (1), *par écrit*, des naissances et des décès qui auront lieu à bord, aux officiers de l'état civil des communes dont dépendent les ports, rades ou points des rivières où se trouvent mouillés ou amarrés les bâtiments ou navires.

<small>Dispositions du Code civil relatives aux formalités à remplir à terre.</small>

Et, afin que les officiers instrumentaires et les intéressés ne puissent prétendre cause d'ignorance de ce que prescrit, à cet égard, le Code civil, on va en rappeler ici les termes :

<small>S'il s'agit d'une naissance ;</small>

ARTICLE 55 (livre Ier, titre II, chapitre II). « Les déclarations de naissance seront faites, « dans les trois jours de l'accouchement, à l'officier de l'état civil du lieu : l'enfant lui sera « présenté. »

ARTICLE 56. « La naissance de l'enfant sera déclarée par le père, ou, à défaut du père, « par les docteurs en médecine ou en chirurgie, sages-femmes, officiers de santé ou autres « personnes qui auront assisté à l'accouchement; et, lorsque la mère sera accouchée hors de « son domicile, par la personne chez qui elle sera accouchée.

« L'acte de naissance sera rédigé de suite, en présence de deux témoins. »

<small>D'un décès;</small>

ARTICLE 77 (mêmes livre et titre, chapitre IV). « Aucune inhumation ne sera faite sans « une autorisation, sur papier libre et sans frais, de l'officier de l'état civil, qui ne pourra la « délivrer qu'après s'être transporté auprès de la personne décédée, pour s'assurer du décès, « et que vingt-quatre heures après le décès, hors les cas prévus par les règlements de police. »

ARTICLE 78. « L'acte de décès sera dressé par l'officier de l'état civil, sur la déclaration de « deux témoins. Ces témoins seront, s'il est possible, les deux plus proches parents ou voi- « sins, ou, lorsqu'une personne sera décédée hors de son domicile, la personne chez qui elle « sera décédée, et un parent ou autre. »

<small>D'une mort violente.</small>

ARTICLE 81. « Lorsqu'il y aura des signes ou indices de mort violente, ou d'autres cir- « constances qui donneront lieu de le soupçonner, on ne pourra faire l'inhumation qu'après « qu'un officier de police, assisté d'un docteur en médecine ou en chirurgie, aura dressé pro- « cès-verbal de l'état du cadavre et des circonstances y relatives, ainsi que des renseigne- « ments qu'il aura pu recueillir sur les prénoms, nom, âge, profession, lieu de naissance et « domicile de la personne décédée. »

QUARANTAINE.

<small>Même avis à donner, s'il y a lieu, aux autorités sanitaires.</small>

Lorsque les bâtiments ou navires sont en quarantaine, l'*avis* (2) des naissances et des décès est à donner aux autorités sanitaires.

---

(1) Voyez les modèles A (page 39) *pour les bâtiments de l'État*, et F (page 44) *pour les navires du commerce.*
(2) *Ibid.*

Loi du 3 mars 1822, relative à la police sanitaire.

ARTICLE 19. « Les membres desdites autorités (autorités sanitaires) exerceront les fonc- « tions d'officier de l'état civil dans les mêmes lieux réservés (1). Les actes de naissance « et de décès seront dressés en présence de deux témoins, et les testaments conformément « aux articles 985, 986 et 987 du Code civil (2). Expédition des actes de naissance et de « décès sera adressée, dans les vingt-quatre heures, à l'officier ordinaire de l'état civil de la « commune où sera situé l'établissement, lequel en fera la transcription. »

Fonctions d'officier de l'état civil.

ORDONNANCE DU ROI, du 7 août 1822, qui, en vertu de la loi ci-dessus, détermine les mesures relatives au régime et à la police sanitaires.

ARTICLE 77. « Les fonctions de l'état civil, objet de l'article 19 de la loi du 3 mars, « seront remplies par le président semainier, assisté du secrétaire. »

Président semainier.

COLONIES FRANÇAISES.

Dans les colonies françaises, on se conformera aux dispositions qui précèdent, que les bâtiments ou navires aient été admis à libre pratique ou qu'ils soient en quarantaine.

Mêmes dispositions que ci-dessus.

Seulement, les expéditions des actes de naissance et de décès qui seront dressés à terre par les officiers de l'état civil, ou, s'il y a lieu, par les autorités sanitaires des colonies françaises, seront transmises par les gouverneurs au Ministre de la marine, par *duplicata* en temps de paix, et *triplicata* en temps de guerre.

PAYS ÉTRANGERS OU RÉSIDENT DES AGENTS FRANÇAIS.

Dans les pays étrangers où résident des agents diplomatiques, des consuls ou des vice-consuls de France, les *avis* des naissances et des décès leur seront adressés. Les actes en seront rédigés, par eux, conformément à l'article 48 (livre Ier, titre II, chapitre Ier) du Code civil, ainsi conçu :

Les actes sont à dresser par les agents français.

« Tout acte de l'état civil des Français en pays étranger sera valable, s'il a été reçu, « conformément aux lois françaises, par les agents diplomatiques ou par les consuls. »

Lesdits agents diplomatiques, consuls et vice-consuls continueront à transmettre les expéditions de ces actes au Ministre des affaires étrangères.

En transmettre les expéditions au Ministre des affaires étrangères.

Cependant, il leur est expressément recommandé de donner, immédiatement, *avis* du décès des individus qui auraient été embarqués, à quelque titre que ce fût, sur les bâtiments de l'État ou sur les navires du commerce, au Ministre de la marine, qui transmettra cet avis aux commissaires des armements ou de l'inscription maritime des ports d'armement, afin que ceux-ci puissent faire mention de la date

Avis des décès à donner au Ministre de la marine.

(1) D'après l'article 17 de la même loi, ces lieux sont : « l'enceinte et les parloirs des lazarets et autres lieux réservés. »

(2) ARTICLE 985 (livre III, titre II, chapitre V, section II) du Code civil. « Les testaments faits dans un lieu avec lequel « toute communication sera interceptée à cause de la peste ou autre maladie contagieuse, pourront être faits devant le juge de « paix, ou devant l'un des officiers municipaux de la commune, en présence de deux témoins. »

ARTICLE 986. « Cette disposition aura lieu, tant à l'égard de ceux qui seraient attaqués de ces maladies, que de ceux qui « seraient dans les lieux qui en sont infectés, encore qu'ils ne fussent pas actuellement malades. »

ARTICLE 987. « Les testaments mentionnés aux deux précédents articles deviendront nuls, six mois après que les commu- « nications auront été rétablies dans le lieu où le testateur se trouve, ou six mois après qu'il aura passé dans un lieu où elles ne « seront point interrompues. »

et des lieux du décès sur les rôles d'équipage dont ils sont dépositaires, et prévenir, s'il y a lieu, de ce décès, soit les commissaires des quartiers où sont inscrits les marins, soit les conseils d'administration des corps organisés, etc.; le tout, indépendamment des obligations imposées auxdits agents diplomatiques, consuls et vice-consuls, par les règlements relatifs à l'établissement des invalides de la marine, quant à l'encaissement et à la transmission des produits de successions maritimes.

2° COMPÉTENCE.

La compétence des officiers instrumentaires est pleine et entière :

Positions où elle est pleine et entière.

1° Lorsque le bâtiment ou navire est sous voiles, ou faisant route ;

2° Lorsque le bâtiment ou navire, parti d'un port de France situé dans l'intérieur d'une rivière, et durant le trajet de ce port à la rade ou à la mer, ne peut, soit par l'effet du mauvais temps, soit par toute autre cause de force majeure, communiquer avec la terre, au moment où il y a lieu de rédiger des actes de l'état civil : cette règle est à observer également au retour ;

3° Lorsque le bâtiment ou navire est de relâche dans une rade de France, des colonies françaises ou des pays étrangers où il existe un agent diplomatique, un consul ou un vice-consul de France, et qu'on ne peut, pour un motif légal, communiquer avec les autorités civiles, sanitaires ou diplomatiques : on doit alors mentionner dans les actes les causes de l'empêchement ;

4° Lorsque, ayant déjà communiqué avec ces autorités, on se trouve, par l'effet du mauvais temps ou de toute autre cause de force majeure, empêché de communiquer de nouveau au moment même où il y a lieu de rédiger, à bord, des actes de l'état civil : on doit également mentionner dans les actes les causes de l'empêchement.

Dispositions relatives à l'inhumation.

Dans cette dernière position, le capitaine du bâtiment de l'État ou du navire du commerce a ensuite à s'entendre avec les autorités locales ou sanitaires, pour l'inhumation de l'individu qui serait décédé à bord pendant la suspension momentanée de la communication; il doit, en outre, fournir à ces autorités les renseignements qu'elles pourraient réclamer sur le genre ou les causes de la mort, et surtout les prévenir que, l'acte de décès ayant dû, à cause de ces circonstances, être dressé à bord, elles n'ont nullement à constater ce décès par un nouvel acte.

Néanmoins, si la suspension de la communication se prolongeait au point qu'on ne pût conserver à bord le cadavre sans danger pour la salubrité du bâtiment ou navire, il sera jeté à la mer, d'après l'ordre du capitaine; et il sera fait mention des causes de ce jet, sur le rôle d'équipage, en marge de l'acte de décès.

La compétence continue dans les pays étrangers où il n'existe pas d'agents français.

Lorsque le bâtiment ou navire aborde dans un pays étranger où il n'existe pas d'agent diplomatique, de consul ou de vice-consul de France, bien qu'il puisse communiquer avec la terre, *la compétence continue également :*

Pour les actes de naissance et de reconnaissance d'enfants naturels.

1° *Pour les actes de naissance et de reconnaissance d'enfants naturels,*

Cependant, aux termes du Code civil (1), les personnes embarquées sont libres

(1) ARTICLE 47 (livre Ier, titre II, chapitre Ier). «Tout acte de l'état civil des Français et des étrangers fait en pays étranger « fera foi, s'il a été rédigé dans la forme usitée dans ledit pays. »

d'avoir recours au ministère des officiers instrumentaires à bord, ou de faire dresser les actes ci-dessus par les autorités locales du lieu où le bâtiment ou navire a abordé.

2° *Pour les actes de décès*, en se conformant toutefois, à l'égard de l'inhumation, aux dispositions précédentes (page 6).

Mais, *pour les testaments*, lorsque les bâtiments ou navires abordent même dans des pays étrangers où il n'existe pas d'agents diplomatiques, de consuls ou de vice-consuls de France, les officiers instrumentaires *sont incompétents*, le Code civil renfermant les dispositions restrictives ci-après : *Exception relative aux testaments.*

ARTICLE 999 (livre III, titre II, chapitre V, sect. II). «Un Français, qui se trouvera en « pays étranger, pourra faire ses dispositions testamentaires par acte sous signature privée (1), « ainsi qu'il est prescrit en l'article 970 (2), ou par acte authentique, avec les formes usitées « dans le lieu où cet acte sera passé (3). »

ARTICLE 1000. « Les testaments faits en pays étrangers ne pourront être exécutés, sur « les biens situés en France, qu'après avoir été enregistrés au bureau du domicile du testa-« teur, s'il en a conservé un, sinon au bureau de son dernier domicile connu en France ; et, « dans le cas où le testament contiendrait des dispositions d'immeubles qui y seraient situés, « il devra être, en outre, enregistré au bureau de la situation de ces immeubles, sans qu'il « puisse être exigé un double droit. »

ARTICLES DU CODE CIVIL

Qui doivent servir de règle aux officiers instrumentaires, pendant le temps qu'ils sont appelés à remplir, à bord, les fonctions d'officier de l'état civil et de notaire ; et dispositions d'exécution auxquelles ils ont à se conformer.

PREMIÈRE PARTIE.

ACTES DE L'ÉTAT CIVIL.

Nul ne peut exercer, à bord, les fonctions d'officier instrumentaire, s'il n'est âgé de vingt et un ans accomplis. *Âge des officiers instrumentaires.*

En conséquence, l'officier du commissariat de la marine embarqué *sur un bâtiment de l'État,* ou, à défaut, le capitaine chargé également de la comptabilité du bord, qui n'a pas cet âge, est remplacé, *seulement en qualité d'officier instrumentaire,* par la personne qui serait appelée à remplir les fonctions de l'un ou de l'autre, en cas d'empêchement ou de mort. *Par qui remplacés, à bord des bâtiments de l'État, s'ils n'ont pas l'âge requis ;*

En cas d'empêchement ou de mort, l'officier du commissariat de la marine, embarqué sur *un bâtiment de l'État,* est remplacé par la personne de l'état-major que choisit le capitaine (4) ; seulement, comme elle doit, au besoin, remplir aussi les fonctions d'officier instrumentaire, elle doit être âgée de vingt et un ans accomplis. *En cas d'empêchement ou de mort.*

(1) Testament olographe.
(2) Voyez cet article, page 24.
(3) Voyez l'article 997, page 27.
(4) Article 607 du décret du 20 mai 1868, sur le service à la mer.

Si le capitaine est également chargé de la comptabilité du bâtiment, il est remplacé dans l'ordre du service, ainsi que le prescrit le décret du 20 mai 1868, sur le service à la mer (1).

Navire de commerce. A bord *d'un navire du commerce*, le capitaine (maître ou patron) est remplacé, *en qualité d'officier instrumentaire*, par le second ou par celui de l'équipage qui, ayant l'âge requis et sachant lire et écrire, est le plus élevé en grade.

ACTES DE NAISSANCE ET DE DÉCÈS.

CODE CIVIL.

Acte de naissance. ARTICLE 57 (livre Ier, titre II, chapitre II). « L'acte de naissance énoncera le jour, l'heure « et le lieu de la naissance, le sexe de l'enfant et les prénoms qui lui seront donnés : les pré-« noms, noms, profession et domicile des père et mère, et ceux des témoins. »

ARTICLE 59. « S'il naît un enfant pendant un voyage de mer, l'acte de naissance sera « dressé, dans les vingt-quatre heures, en présence du père, s'il est présent, et de deux « témoins, pris parmi les officiers du bâtiment, ou, à leur défaut, parmi les hommes de « l'équipage. Cet acte sera rédigé, savoir : sur les bâtiments de l'État (2), par l'officier d'admi-« nistration de la marine, et, sur les bâtiments appartenant à un armateur ou négociant (3), « par le capitaine, maître ou patron du navire. L'acte de naissance sera inscrit à la suite du « rôle d'équipage. »

Acte de décès. ARTICLE 79 (mêmes livre et titre, chapitre IV). « L'acte de décès contiendra les prénoms, « nom, âge, profession et domicile de la personne décédée; les prénoms et nom de l'autre « époux, si la personne décédée était mariée ou veuve; les prénoms, noms, âges, professions « et domiciles des déclarants; et, s'ils sont parents, leur degré de parenté.

« Le même acte contiendra de plus, autant qu'on pourra le savoir, les prénoms, noms, « professions et domiciles des père et mère du décédé, et le lieu de sa naissance. »

ARTICLE 85. « Dans tous les cas de mort violente, ou dans les prisons et maisons de reclu-« sion, ou d'exécution à mort, il ne sera fait sur les registres aucune mention de ces circons-« tances, et les actes de décès seront simplement rédigés dans les formes prescrites par l'ar-« ticle 79. »

ARTICLE 86. « En cas de décès pendant un voyage de mer, il en sera dressé acte dans les « vingt-quatre heures, en présence de deux témoins pris parmi les officiers du bâtiment, ou à « leur défaut, parmi les hommes de l'équipage. Cet acte sera rédigé, savoir : sur les bâtiments « de l'État (4), par l'officier d'administration de la marine, et, sur les bâtiments appartenant « à un négociant ou armateur (5), par le capitaine, maître ou patron du navire. L'acte de « décès sera inscrit à la suite du rôle d'équipage. »

(1) ARTICLE 63. « 1° Dans le cas où le capitaine d'un bâtiment isolé et hors des ports de France vient à décéder ou à être « empêché de commander, l'officier en second prend toujours le commandement......

« 2° En cas de décès de l'officier en second, l'officier de vaisseau le plus ancien lui succède, et après lui les autres officiers de « vaisseau du bâtiment, en suivant l'ordre hiérarchique.

« 3° S'il se trouve à bord des officiers de vaisseau en supplément, ces officiers ont droit au commandement d'après le rang « qui leur est assigné par les articles 65 et 66 (après les officiers de leur grade embarqués au nombre réglementaire, quelle « que soit leur ancienneté).

« 4° Le commandement est dévolu ensuite aux aspirants de première classe, puis aux officiers-mariniers dans l'ordre « suivant :

« Le premier maître de manœuvre;
« Le premier maître de canonnage;
« Le capitaine d'armes;
« Le premier maître de timonerie.

« 5° A défaut des premiers maîtres ci-dessus désignés, le plus ancien des aspirants de deuxième classe prend le comman-« dement. »

(2) Voyez le modèle n° 1er, page 65.
(3) Voyez le modèle n° 7, page 77.
(4) Voyez le modèle n° 3, page 70.
(5) Voyez le modèle n° 9, page 82.

Les officiers du commissariat de la marine embarqués sur les bâtiments de l'État, et les capitaines (maîtres ou patrons) des navires du commerce, ou ceux qui doivent les remplacer dans les cas prévus ci-dessus, sont, en conséquence, chargés, sous leur responsabilité personnelle, de la rédaction des actes de naissance et de décès pendant les voyages à la mer.

Ces actes doivent être rédigés, à bord, *dans les vingt-quatre heures qui suivent la naissance ou le décès;* passé ce délai, on ne peut y suppléer que par un jugement; le Ministre recommande de la manière la plus formelle de se conformer exactement à cette disposition.

Les personnes appelées à exercer, à bord, les fonctions d'officiers instrumentaires ont aussi à se conformer aux règles ci-après, qui sont prescrites, par le Code civil, aux officiers de l'état civil dans l'intérieur de la France :

Article 35 (livre Ier, titre II, chapitre Ier). «Les officiers de l'état civil ne pourront «rien insérer dans les actes qu'ils recevront, soit par note, soit par énonciation quelconque, «que ce qui doit être déclaré par les comparants.»

Il est bien entendu, toutefois, que les officiers instrumentaires ne doivent recevoir et constater que les énonciations et déclarations autorisées par les lois. Ainsi, par exemple, ils ne pourraient recevoir et constater une déclaration qui établirait un fait d'adultère ou d'inceste, ou bien encore une déclaration de paternité qui serait faite par un autre que par le père ou son fondé de pouvoirs.

Article 36. «Dans le cas où les parties intéressées ne seront point obligées de compa-«raître en personne, elles pourront se faire représenter par un fondé de procuration spéciale «et authentique.»

Article 44. «Les procurations et les autres pièces qui doivent demeurer annexées aux «actes de l'état civil seront déposées, après qu'elles auront été parafées par la personne «qui les aura produites, et par l'officier de l'état civil (*à bord, l'officier instrumentaire*), au «greffe du tribunal, avec le double des registres dont le dépôt doit avoir lieu audit greffe.» (*A bord, elles seront annexées au rôle d'équipage.*)

Aux termes de l'article 87 (liv. Ier, tit. II, chap. Ier du Code civil), les témoins produits aux actes de l'état civil ne peuvent être que du sexe masculin, âgés de vingt et un ans au moins.

En conséquence, à défaut d'officiers ayant *vingt et un ans accomplis,* les témoins sont pris parmi les gens de l'équipage ayant au moins cet âge, en commençant par les marins les plus élevés en grade.

Il doit être fait mention de cette circonstance dans les actes.

Si, *pour les actes de décès,* les déclarants sont parents de la personne décédée, on doit déterminer leur degré de parenté en suivant ce qu'indiquent, à ce sujet, les dispositions ci-après du Code civil :

ARTICLE 735 (livre III, titre Ier, chapitre III, section Ire). « La proximité de parenté s'établit « par le nombre de générations ; chaque génération s'appelle *un degré.* »

ARTICLE 736. « La suite des degrés forme la ligne : on appelle *ligne directe* la suite des « degrés entre personnes qui descendent l'une de l'autre ; *ligne collatérale,* la suite des degrés « entre personnes qui ne descendent pas les unes des autres, mais qui descendent d'un « auteur commun.

« On distingue la ligne directe en *ligne directe descendante* et en *ligne directe ascen-* « *dante.*

« La première est celle qui lie le chef avec ceux qui descendent de lui ; la deuxième est « celle qui lie une personne avec ceux dont elle descend. »

ARTICLE 737. « *En ligne directe,* on compte autant de degrés qu'il y a de générations « entre les personnes : ainsi, le fils est, à l'égard du père, au premier degré ; le petit-fils, au « second ; et réciproquement du père et de l'aïeul à l'égard des fils et petits-fils. »

ARTICLE 738. « *En ligne collatérale,* les degrés se comptent par les générations, depuis « l'un des parents jusques et non compris l'auteur commun, et depuis celui-ci jusqu'à l'autre « parent.

« Ainsi, deux frères sont au deuxième degré ; l'oncle et le neveu sont au troisième degré ; « les cousins germains, au quatrième ; ainsi de suite. »

Lecture et signature des actes.

ARTICLE 38 (livre Ier, titre II, chapitre Ier). « L'officier de l'état civil (*à bord, c'est l'officier* « *instrumentaire*) donnera lecture des actes aux parties comparantes, ou à leur fondé de pro- « curation, et aux témoins.

« Il sera fait mention de l'accomplissement de cette formalité. »

ARTICLE 39. « Ces actes seront signés par l'officier de l'état civil (*à bord, c'est l'officier ins-* « *trumentaire*), par les comparants et les témoins ; ou mention sera faite de la cause qui em- « pêchera les comparants et les témoins de signer. »

Leur inscription sans rature, etc.

ARTICLE 42. « Les actes seront inscrits sur les registres (*à bord, c'est sur le rôle d'équi-* « *page*), de suite, sans aucun blanc. Les ratures et les renvois seront approuvés et signés de « la même manière que le corps de l'acte. Il n'y sera rien écrit par abréviation, et aucune « date ne sera mise en chiffres. »

Contravention.

ARTICLE 50. « Toute contravention aux articles précédents de la part des fonctionnaires « y dénommés sera poursuivie devant le tribunal de première instance, et punie d'une « amende qui ne pourra excéder cent francs »

Dépositaires fonctionnaires responsables des altérations, etc.

ARTICLE 51. « Tout dépositaire des registres sera civilement responsable des altérations « qui y surviendront, sauf son recours, s'il y a lieu, contre les auteurs desdites altéra- « tions. »

Punition.

ARTICLE 52. « Toute altération, tout faux dans les actes de l'état civil, toute inscription « de ces actes faite sur une feuille volante et autrement que sur les registres à ce destinés, « donneront lieu aux dommages-intérêts des parties, sans préjudice des peines portées au « Code pénal. »

A l'égard de ces peines, le Code pénal renferme les dispositions ci-après :

ARTICLE 192 (livre III, titre Ier, chapitre III, section II, paragraphe VI). « Les officiers « de l'état civil qui auront inscrit leurs actes sur de simples feuilles volantes seront punis « d'un emprisonnement d'un mois au moins, et de trois mois au plus, et d'une amende de « seize à deux cents francs. »

ARTICLE 195. « Les peines portées . . . . contre les officiers de l'état civil leur
« seront appliquées, lors même que la nullité de leurs actes n'aurait pas été demandée ou
« aurait été couverte; le tout sans préjudice des peines plus fortes prononcées en cas de
« collusion. . . . . . . »

Les simples négligences peuvent donner lieu à l'application de peines disciplinaires.

———————

Conformément à l'article 85 du Code civil (voyez page 8), les officiers instru- *Ne pas indiquer le genre de mort dans les actes de décès.*
mentaires ne doivent faire aucune mention du genre ou des causes de la mort dans
le libellé des actes de décès qu'ils ont à dresser à bord.

Cependant, lorsque, *à bord des bâtiments de l'État seulement,* la mort aura été oc- *Dispositions spé- ciales à ce sujet ap- plicables seulement aux bâtiments de l'É- tat.*
casionnée par un événement de mer, par le feu de l'ennemi, par suite des blessures
reçues dans l'une ou l'autre de ces circonstances, ou, enfin, par suite de maladies
épidémiques, lesquelles causes peuvent donner aux familles des individus décédés à
bord de ces bâtiments des droits à des pensions, demi-soldes ou gratifications, le
Ministre enjoint aux officiers d'administration de la marine de constater lesdites causes
par un acte spécial (1) qui sera inscrit sur le rôle d'équipage à la suite de l'acte de
décès, après que celui-ci aura été clos et signé.

Cet acte, toutefois, ne pourra être rédigé que lorsque les causes de la mort auront
été établies et certifiées préalablement :

Par un procès-verbal dressé, après un combat, par le chirurgien-major, en pré- *Après le combat.*
sence de l'officier en second et de l'officier d'administration, pour constater la mort
des officiers, officiers-mariniers, matelots, soldats, etc. tués, ou la quantité des blessures reçues, par eux, pendant l'action (2);

Ou par une déclaration faite par écrit par le chirurgien-major, pour constater le *Mort naturelle ou blessures.*
décès à bord d'un individu, par suite de mort naturelle ou de blessures (3);

Ou par un procès-verbal dressé par l'officier principal de quart, pour constater le *Par suite d'événe- ment ou de mort su- bite.*
décès à bord d'un individu, par suite d'un événement quelconque ou de mort
subite (4).

Ledit acte sera certifié et signé, non seulement par toutes les personnes qui auront signé l'acte de décès, mais encore par celles qui, dénommées dans les procès-
verbaux ou la déclaration ci-dessus, ne seraient pas désignées dans l'acte de décès.

Lorsqu'il y aura des signes ou indices de mort violente, les dispositions de l'article 81 *Signes ou indices de mort violente.*
du Code civil (5) ne pouvant s'exécuter à la mer, on y suppléera de la manière
suivante :

Procès-verbal de l'état du cadavre, des circonstances y relatives et des dépositions *Procès-verbal à dresser.*
des témoins, s'il y en a, sera dressé en double expédition,

(1) Voyez le modèle n° 4, page 72.
(2) Voyez le modèle B, page 40.
(3) Voyez le modèle C, page 41.
(4) Voyez le modèle D, page 42.
(5) Voyez cet article, page 4.

SAVOIR :

Bâtiments de l'État *A bord d'un bâtiment de l'État,* par l'officier principal de quart, conjointement avec l'officier d'administration de la marine et assisté du chirurgien-major (1).

Navires du commerce. *A bord d'un navire du commerce,* par le capitaine (maître ou patron) conjointement avec l'officier de quart, ou, à son défaut, avec celui des marins de l'équipage qui vient après ledit capitaine (maître où patron), et assisté du chirurgien; s'il n'existe pas de chirurgien, un second marin sera appelé (2).

Dispositions applicables aux deux services. Après quoi, l'acte de décès sera dressé dans la forme ordinaire.

Une des expéditions de ce procès-verbal sera annexée au rôle d'équipage.

Si la mort de l'individu pouvait donner lieu à des poursuites contre un ou plusieurs hommes du bord, le procès-verbal sera dressé en triple expédition, et la dernière sera jointe aux pièces constatant le délit.

Acte relatif à un enfant mort avant que sa naissance ait été enregistrée. *Si un enfant meurt à bord avant que sa naissance ait été enregistrée,* le décret du 4 juillet 1806 porte :

ARTICLE 1er. « Lorsque le cadavre d'un enfant, dont la naissance n'a pas été enregistrée,
« sera présenté à l'officier de l'état civil, cet officier n'exprimera pas qu'un tel enfant est décédé,
« mais seulement qu'il lui a été présenté sans vie. Il recevra de plus la déclaration des témoins
« touchant les noms, prénoms, qualités et demeures des père et mère de l'enfant, et la dési-
« gnation des an, jour et heure auxquels l'enfant est sorti du sein de sa mère. »

ARTICLE 2. « Cet acte sera inscrit à sa date sur les registres des décès, sans qu'il en résulte
« aucun préjugé sur la question de savoir si l'enfant a eu vie ou non. »

L'officier instrumentaire, à qui le cadavre sera présenté, n'aura donc pas à dresser d'acte de naissance ni même d'acte de décès; il aura seulement à rédiger un acte (3) constatant que l'enfant lui a été présenté *sans vie;* cet acte sera inscrit, à sa date, à la suite du rôle d'équipage, comme les autres actes de l'état civil, et les dispositions ci-après lui sont également applicables.

REMISE ET DÉPÔT, A TERRE, DES ACTES DE L'ÉTAT CIVIL.

PREMIER PORT DE RELÂCHE.

Expédition des actes de naissance. ARTICLE 60 (livre Ier, titre II, chapitre II) du Code civil. « Au premier port où le bâti-
« ment abordera, soit de relâche, soit pour toute autre cause que celle de son désarmement,
« les officiers de l'administration de la marine, capitaine, maître ou patron, seront tenus de
« déposer deux expéditions authentiques des actes de naissance qu'ils auront rédigés, savoir :
« dans un port français, au bureau du commissaire de l'inscription maritime, et dans un port
« étranger, entre les mains du consul.

(1) Voyez le modèle E, page 43.
(2) Voyez le modèle G, page 45.
(3) Voyez les modèles nos 5, page 73 (*pour les bâtiments de l'État*), et 10, page 84 (*pour les navires du commerce*).

« L'une de ces expéditions restera déposée au bureau de l'inscription maritime, ou à la « chancellerie du consulat; l'autre sera envoyée au Ministre de la marine, qui fera parvenir « une copie, de lui certifiée, de chacun desdits actes, à l'officier de l'état civil du domicile « du père de l'enfant, ou de la mère, si le père est inconnu ; cette copie sera inscrite de suite « sur les registres. »

L'une des expéditions reste en dépôt, l'autre est envoyée au Ministre.

ARTICLE 87 (mêmes livre et titre, chapitre IV, § Ier). « Au premier port où le bâtiment « abordera, soit de relâche, soit pour toute autre cause que celle de son désarmement, « les officiers de l'administration de la marine, capitaine, maître ou patron, qui auront « rédigé des actes de décès, seront tenus d'en déposer deux expéditions, conformément à « l'article 60. »

Mêmes dispositions pour les actes de décès.

Pour que ces expéditions soient authentiques, il faut qu'elles soient la copie littérale de l'acte inscrit sur le rôle d'équipage; qu'elles énoncent qu'elles sont conformes a cet acte et qu'elles soient délivrées par l'officier instrumentaire du bâtiment ou du navire.

De quelle manière les expéditions peuvent être authentiques.

Les deux expéditions seront déposées,

Dans un port de l'État, savoir :

Pour les bâtiments de l'État, au bureau de l'inscription maritime, s'il n'existe pas, dans le port, de bureau des armements ;

Pour les navires du commerce, au bureau de l'inscription maritime.

Bureaux ou chancelleries où elles doivent être remises.

Il en sera de même *dans les colonies françaises;* seulement, il sera déposé de ces actes trois expéditions en temps de paix, et quatre en temps de guerre.

Nombre d'expéditions à en remettre : Dans les colonies françaises;

Dans les pays étrangers où résident des agents diplomatiques, des consuls ou des vice-consuls de France, on déposera également trois ou quatre expéditions desdits actes, selon l'état de paix ou de guerre.

En pays étrangers.

Les officiers instrumentaires annexeront, s'il y a lieu, à l'une des expéditions, les procurations et autres pièces qui, aux termes de l'article 44 du Code civil, doivent y être jointes. (Voyez page 9.)

Pièces à annexer à l'une des expéditions.

Lors de leur remise à terre, ces expéditions devront être collationnées sur les rôles d'équipage par le commissaire des armements ou de l'inscription maritime (dans les ports ou dans les colonies françaises) ou par l'agent diplomatique, le consul ou le vice-consul de France en pays étranger, qui certifiera la conformité de ces expéditions avec l'acte même, et légalisera la signature de l'officier instrumentaire. (Voyez les formules, page 63.)

Par qui ces expéditions sont collationnées et certifiées.

Ces formalités remplies, le commissaire des armements ou de l'inscription maritime, ou l'agent français, donnera à l'officier instrumentaire récépissé de ces expéditions, lequel sera annexé au rôle d'équipage, en marge de l'acte.

Récépissé à en donner.

La première expédition qui parviendra au ministère de la marine sera transmise, après avoir été visée par le Ministre, à l'officier de l'état civil du domicile du père ou de la mère d'un enfant né ou décédé à bord, ou de la personne qui y serait morte.

Envoi par le Ministre des actes aux officiers de l'état civil.

DÉSARMEMENT.

Une expédition est envoyée par le commissaire à l'officier de l'état civil.
Acte de naissance.

ARTICLE 61 (livre Ier, titre II, chapitre II) du Code civil. « A l'arrivée du bâtiment dans le « port du désarmement, le rôle d'équipage sera déposé au bureau du commissaire de l'ins- « cription maritime, qui enverra une expédition de l'acte de naissance, de lui signée, à « l'officier de l'état civil du domicile du père de l'enfant, ou de la mère, si le père est « inconnu : cette expédition sera inscrite de suite sur les registres. »

Acte de décès.

ARTICLE 87 (mêmes livre et titre, chapitre IV, $ II). « A l'arrivée du bâtiment dans le « port du désarmement, le rôle d'équipage sera déposé au bureau du commissaire de l'ins- « cription maritime; il enverra une expédition de l'acte de décès, de lui signée, à l'officier « de l'état civil du domicile de la personne décédée : cette expédition sera inscrite de suite « sur les registres. »

Cas où le bâtiment ou navire ne désarme pas immédiatement.

Un bâtiment ou navire peut rentrer dans le port où il a été armé ou dans celui où il doit désarmer, sans pour cela désarmer immédiatement. Dans ce cas, et jus- qu'à ce que son désarmement soit ordonné, le rôle d'équipage restant à bord, l'offi- cier instrumentaire doit déposer, à l'arrivée du bâtiment ou navire, les expéditions des actes de naissance et de décès, comme si ledit bâtiment ou navire entrait dans un port de relâche; et les dispositions ci-dessus sont à exécuter aussi bien par cet officier instrumentaire que par le commissaire des armements ou de l'inscription maritime à qui les expéditions sont remises.

Remise des expé- ditions de l'acte cons- tatant le genre ou les causes de la mort, dressé à bord des bâti- ments de l'État.

L'acte consigné sur le rôle d'équipage d'un bâtiment de l'État, à la suite d'un acte de décès, et contenant des renseignements sur le genre ou les causes de la mort, n'est pas à copier au bas de chacune des expéditions à remettre de ce dernier acte; il est à transcrire séparément sur des feuilles à ce destinées.

Les expéditions en sont annexées à celles de l'acte de décès, mais il n'est trans- mis, par les soins du Ministre ou des administrateurs de la marine, à l'officier de l'état civil du domicile de la personne décédée, que l'expédition de l'acte de décès qu'il doit inscrire sur ses registres, le second acte ne devant être connu que de l'administration de la marine et des familles.

ACTES DE RECONNAISSANCE D'ENFANTS NATURELS.

SI CETTE RECONNAISSANCE N'A PAS ÉTÉ FAITE DANS LES ACTES DE NAISSANCE.

CODE CIVIL.

ARTICLE 334 (livre Ier, titre VII, chapitre III, section II) du Code civil. « La reconnais- « sance d'un enfant naturel sera faite par un acte authentique, lorsqu'elle ne l'aura pas été « dans son acte de naissance. »

ARTICLE 335. « Cette reconnaissance ne pourra avoir lieu au profit des enfants nés d'un « commerce incestueux ou adultérin. »

ARTICLE 336. « La reconnaissance du père, sans l'indication et l'aveu de la mère, n'a « d'effet qu'à l'égard du père. »

ARTICLE 337. « La reconnaissance faite pendant le mariage, par l'un des époux, au profit « d'un enfant naturel qu'il aurait eu, avant son mariage, d'un autre que de son époux, ne « pourra nuire ni à celui-ci, ni aux enfants nés de ce mariage.

« Néanmoins, elle produira son effet après la dissolution de ce mariage, s'il n'en résulte « pas d'enfants. »

ARTICLE 338. « L'enfant naturel reconnu ne pourra réclamer les droits d'enfant légitime.
« Les droits des enfants naturels seront réglés au titre *Des Successions* (1).

ARTICLE 339. « Toute reconnaissance de la part du père ou de la mère, de même que
« toute réclamation de la part de l'enfant, pourra être contestée par tous ceux qui y auront
« intérêt. »

ARTICLE 340. « La recherche de la paternité est interdite. Dans le cas d'enlèvement,
« lorsque l'époque de cet enlèvement se rapportera à celle de la conception, le ravisseur
« pourra être, sur la demande des parties intéressées, déclaré père de l'enfant. »

ARTICLE 341. « La recherche de la maternité est admise.

« L'enfant, qui réclamera sa mère, sera tenu de prouver qu'il est identiquement le même
« que l'enfant dont elle est accouchée.

« Il ne sera reçu à faire cette preuve par témoins que lorsqu'il aura déjà un commence-
« ment de preuve par écrit. »

---

(1) ARTICLE 756 (livre III, titre Ier, chapitre IV, section Ire) du Code civil. « Les enfants naturels ne sont point héritiers ;
« la loi ne leur accorde aucun droit sur les biens de leurs père ou mère décédés que lorsqu'ils ont été légalement reconnus.
« Elle ne leur accorde aucun droit sur les biens des parents de leur père ou mère. »

ARTICLE 757. « Le droit de l'enfant naturel sur les biens de ses père ou mère décédés est réglé ainsi qu'il suit :

« Si le père ou la mère a laissé des descendants légitimes, ce droit est d'un tiers de la portion héréditaire que l'enfant naturel
« aurait eue s'il eût été légitime ; il est de la moitié, lorsque les père ou mère ne laissent pas de descendants, mais bien des
« ascendants ou des frères et sœurs ; il est des trois quarts, lorsque les père ou mère ne laissent ni descendants, ni ascendants,
« ni frères, ni sœurs. »

ARTICLE 758. « L'enfant naturel a droit à la totalité des biens, lorsque ses père ou mère ne laissent pas de parents au degré
« successible. »

ARTICLE 759. « En cas de prédécès de l'enfant naturel, ses enfants ou descendants peuvent réclamer les droits fixés par les
« articles précédents. »

ARTICLE 760. « L'enfant naturel ou ses descendants sont tenus d'imputer sur ce qu'ils ont droit de prétendre tout ce qu'ils
« ont reçu du père et de la mère dont la succession est ouverte, et qui serait sujet à rapport, d'après les règles établies à la
« section II du chapitre VI du présent titre. »

ARTICLE 843 (mêmes livre et titre, chapitre VI, section II). « Tout héritier, même bénéficiaire, venant à une suc-
« cession, doit rapporter à ses cohéritiers tout ce qu'il a reçu du défunt, par donation entre-vifs, directement ou indi-
« rectement : il ne peut retenir les dons ni réclamer les legs à lui faits par le défunt, à moins que les dons et legs ne
« lui aient été faits expressément par préciput et hors part, ou avec dispense du rapport. »

ARTICLE 844. « Dans le cas même où les dons et legs auraient été faits par préciput ou avec dispense du rapport,
« l'héritier venant à partage ne peut les retenir que jusqu'à concurrence de la quotité disponible : l'excédent est sujet à
« rapport. »

ARTICLE 845. « L'héritier qui renonce à la succession peut cependant retenir le don entre-vifs, ou réclamer le legs à
« lui fait, jusqu'à concurrence de la portion disponible. »

ARTICLE 846. « Le donataire qui n'était pas héritier présomptif lors de la donation, mais qui se trouve succes-
« sible au jour de l'ouverture de la succession, doit également le rapport, à moins que le donateur ne l'en ait
« dispensé. »

ARTICLE 847. « Les dons et legs faits au fils de celui qui se trouve successible à l'époque de l'ouverture de la succes-
« sion sont toujours réputés faits avec dispense du rapport.

« Le père venant à succession du donateur n'est pas tenu de les rapporter. »

ARTICLE 848. « Pareillement, le fils venant de son chef à la succession du donateur n'est pas tenu de rapporter
« le don fait à son père, même quand il aurait accepté la succession de celui-ci ; mais si le fils ne vient que par
« représentation, il doit rapporter ce qui avait été donné à son père, même dans le cas où il aurait répudié sa
« succession. »

ARTICLE 849. « Les dons et legs faits au conjoint d'un époux successible sont réputés faits avec dispense du
« rapport.

« Si les dons et legs sont faits conjointement à deux époux, dont l'un seulement est successible, celui-ci en rapporte
« la moitié ; si les dons sont faits à l'époux successible, il les rapporte en entier. »

ARTICLE 850. « Le rapport ne se fait qu'à la succession du donateur. »

ARTICLE 851. « Le rapport est dû de ce qui a été employé pour l'établissement d'un des cohéritiers, ou pour le
« payement de ses dettes. »

ARTICLE 852. « Les frais de nourriture, d'entretien, d'éducation, d'apprentissage, les frais ordinaires d'équipement,
« ceux de noces et présents d'usage, ne doivent pas être rapportés. »

ARTICLE 853. « Il en est de même des profits que l'héritier a pu retirer de conventions passées avec le défunt, si ces
« conventions ne présentaient aucun avantage indirect lorsqu'elles ont été faites. »

ARTICLE 342. « Un enfant ne sera jamais admis à la recherche, soit de la paternité, soit « de la maternité, dans les cas où, suivant l'article 335, la reconnaissance n'est pas admise. »

ARTICLE 854. « Pareillement, il n'est pas dû de rapport pour les associations faites sans fraude entre le défunt et « l'un de ses héritiers, lorsque les conditions ont été réglées par un acte authentique. »

ARTICLE 855. « L'immeuble qui a péri par cas fortuit, et sans la faute du donataire, n'est pas sujet à rapport. »

ARTICLE 856. « Les fruits et les intérêts des choses sujettes à rapport ne sont dus qu'à compter du jour de l'ouver- « ture de la succession. »

ARTICLE 857. « Le rapport n'est dû que par le cohéritier à son héritier; il n'est pas dû aux légataires ni aux créan- « ciers de la succession. »

ARTICLE 858. « Le rapport se fait en nature ou en moins prenant. »

ARTICLE 859. « Il peut être exigé en nature à l'égard des immeubles, toutes les fois que l'immeuble donné n'a pas « été aliéné par le donataire, et qu'il n'y a pas, dans la succession, d'immeubles de même nature, valeur et bonté, « dont on puisse former des lots à peu près égaux pour les autres cohéritiers. »

ARTICLE 860. « Le rapport n'a lieu qu'en moins prenant, quand le donataire a aliéné l'immeuble avant l'ouverture « de la succession; il est dû de la valeur de l'immeuble à l'époque de l'ouverture. »

ARTICLE 861. « Dans tous les cas, il doit être tenu compte au donataire des impenses qui ont amélioré la chose, eu « égard à ce dont sa valeur se trouve augmentée au temps du partage. »

ARTICLE 862. « Il doit être pareillement tenu compte au donataire des impenses nécessaires qu'il a faites pour la « conservation de la chose, encore qu'elles n'aient point amélioré le fonds. »

ARTICLE 863. « Le donataire, de son côté, doit tenir compte des dégradations et détériorations qui ont diminué la « valeur de l'immeuble, par son fait ou par sa faute et négligence. »

ARTICLE 864. « Dans le cas où l'immeuble a été aliéné par le donataire, les améliorations ou dégradations faites « par l'acquéreur doivent être imputées conformément aux trois articles précédents. »

ARTICLE 865. « Lorsque le rapport se fait en nature, les biens se réunissent à la masse de la succession, francs et « quittes de toutes charges créées par le donataire; mais les créanciers ayant hypothèque peuvent intervenir au partage, « pour s'opposer à ce que le rapport se fasse en fraude de leurs droits. »

ARTICLE 866. « Lorsque le don d'un immeuble fait à un successible avec dispense du rapport excède la portion « disponible, le rapport de l'excédent se fait en nature, si le retranchement de cet excédent peut s'opérer commo- « dément.

« Dans le cas contraire, si l'excédent est de plus de la moitié de la valeur de l'immeuble, le donataire doit rap- « porter l'immeuble en totalité, sauf à prélever sur la masse la valeur de la portion disponible : si cette portion excède « la moitié de la valeur de l'immeuble, le donataire peut retenir l'immeuble en totalité, sauf à moins prendre, et à « récompenser ses cohéritiers en argent ou autrement. »

ARTICLE 867. « Le cohéritier qui fait le rapport en nature d'un immeuble peut en retenir la possession jusqu'au « remboursement effectif des sommes qui lui sont dues pour impenses ou améliorations. »

ARTICLE 868. « Le rapport du mobilier ne se fait qu'en moins prenant. Il se fait sur le pied de la valeur du mobilier « lors de la donation, d'après l'état estimatif annexé à l'acte; et, à défaut de cet état, d'après une estimation par « experts, à juste prix et sans crue. »

ARTICLE 869. « Le rapport de l'argent donné se fait en moins prenant dans le numéraire de la succession.

« En cas d'insuffisance, le donataire peut se dispenser de rapporter du numéraire, en abandonnant, jusqu'à due « concurrence, du mobilier, et à défaut de mobilier, des immeubles de la succession. »

ARTICLE 761. « Toute réclamation leur est interdite, lorsqu'ils ont reçu, du vivant de leur père ou de leur mère, la moitié « de ce qui leur est attribué par les articles précédents, avec déclaration expresse de la part de leur père ou mère que leur « intention est de réduire l'enfant naturel à la portion qu'ils lui ont assignée. »

« Dans le cas où cette portion serait inférieure à la moitié de ce qui devrait revenir à l'enfant naturel, il ne pourra réclamer « que le supplément nécessaire pour parfaire cette moitié. »

ARTICLE 762. « Les dispositions des articles 757 et 758 ne sont pas applicables aux enfants adultérins ou incestueux. « La loi ne leur accorde que des aliments. »

ARTICLE 763. « Ces aliments sont réglés, eu égard aux facultés du père ou de la mère, au nombre et à la qualité des héri- « tiers légitimes. »

ARTICLE 764. « Lorsque le père ou la mère de l'enfant adultérin ou incestueux lui auront fait apprendre un art mécanique, « ou lorsque l'un d'eux lui aura assuré les aliments de son vivant, l'enfant ne pourra élever aucune réclamation contre leur « succession. »

ARTICLE 765. « La succession de l'enfant naturel décédé sans postérité est dévolue au père ou à la mère qui l'a reconnu; ou « par moitié à tous les deux, s'il a été reconnu par l'un et par l'autre. »

ARTICLE 766. « En cas de prédécès des père et mère de l'enfant naturel, les biens qu'il en avait reçus passent aux frères ou « sœurs légitimes, s'ils se trouvent en nature dans la succession : les actions en reprises, s'il en existe, ou le prix de ces biens « aliénés, s'il est encore dû, retournent également aux frères et sœurs légitimes. Tous les autres biens passent aux frères et « sœurs naturels ou à leurs ascendants. »

La reconnaissance d'un enfant naturel, *né* ou *à naître,* peut être faite par un acte authentique antérieur ou postérieur à la naissance de cet enfant.

> L'acte peut être fait avant ou après la naissance de l'enfant.
> Nature de l'acte.

Cette reconnaissance peut, en conséquence, avoir lieu à bord, soit par un testament par acte public (1), soit par un acte de reconnaissance proprement dit.

Toutefois, comme le Code civil est muet sur la compétence des officiers instrumentaires, quant à ce dernier acte, il est recommandé à ces officiers d'inviter ceux qui auront fait dresser de pareils actes à bord à les renouveler à terre aussitôt que les bâtiments ou navires auront abordé un port de France, des colonies françaises ou des pays étrangers, résidence d'agents diplomatiques, de consuls ou vice-consuls de France, ayant pouvoir de dresser des actes de l'état civil.

> A renouveler à terre s'il y a lieu.

Pour la rédaction des actes de reconnaissance qui pourront être dressés à bord (2), le grade et l'âge des témoins, l'inscription de ces actes à la suite du rôle d'équipage et à leur date; enfin, pour la remise qui doit être faite des expéditions desdits actes dans les lieux où relâcheront les bâtiments ou navires, les officiers instrumentaires se conformeront exactement à ce qui est prescrit ci-dessus, relativement aux actes de naissance et de décès.

> Les dispositions relatives aux actes de naissance et de décès applicables à ceux-ci.

Une fois parvenues au ministère de la marine, les expéditions de ces actes seront transmises, visées par le Ministre, aux officiers de l'état civil des lieux de naissance des enfants reconnus, afin qu'ils en fassent inscription sur leurs registres, conformément à l'article 62 (livre Ier, titre II, chapitre II) du Code Napoléon, ainsi conçu :

> Transmis par le Ministre aux officiers de l'état civil.

> « L'acte de reconnaissance d'un enfant sera inscrit sur les registres à sa date, et il en sera
> « fait mention en marge de l'acte de naissance, s'il en existe un. »

Dans les ports de désarmement des bâtiments ou navires, les commissaires des armements ou de l'inscription maritime enverront les expéditions de ces actes, signées d'eux, aux officiers de l'état civil des lieux de naissance des enfants reconnus.

> Cas où ils sont transmis par les commissaires de la marine.

Si l'acte concerne un enfant *à naître,* l'expédition en sera adressée à l'officier de l'état civil du domicile de la mère.

> Enfants à naître.

DEUXIÈME PARTIE.

PROCÈS-VERBAUX
CONSTATANT LA DISPARITION D'INDIVIDUS DU BORD.

Si un homme de l'équipage ou un passager tombe à la mer *pendant le cours d'un voyage ou pendant un combat* (et qu'il ait été impossible de le sauver), s'il a disparu dans un naufrage, etc., les officiers instrumentaires dénommés dans la première partie n'auront pas à dresser d'acte de décès; ils se borneront à constater, immédiatement, par procès-verbal, non seulement toutes les circonstances relatives à la disparition, mais encore les déclarations des témoins de l'événement.

> Disparition d'un individu à la mer ou pendant le combat.

(1) Voyez page 24.
(2) Voyez les modèles n° 2, page 68 *(pour les bâtiments de l'État),* et n° 8, page 80 *(pour les navires du commerce).*

Le procès-verbal inscrit à la suite du rôle, et par qui signé.

Ce procès-verbal (1), inscrit à la suite du rôle d'équipage (avec les actes de l'état civil), sera signé par l'officier instrumentaire et par les témoins de l'événement (2).

Expéditions à en remettre lors des relâches : En France ;

Si le bâtiment ou navire aborde dans un port de France autre que celui du désarmement, l'officier instrumentaire remettra, de ce procès-verbal, deux expéditions authentiques, signées de lui, au bureau du commissaire des armements ou de l'inscription maritime, où l'une d'elles restera déposée; l'autre sera envoyée, par cet administrateur, au port d'armement du bâtiment ou navire.

(1) Voyez les modèles n° 6, page 75 (*pour les bâtiments de l'État*), et n° 11, page 86 (*pour les navires du commerce*).

(2) CIRCULAIRE DU 2 AVRIL 1873.
(Bulletin officiel, page 354 et suivantes.)

NOTIFICATION DES JUGEMENTS DÉCLARANT CONSTANT LE DÉCÈS DE L'ÉQUIPAGE DU *MONGE*.

Versailles, le 2 avril 1873.

Messieurs, j'ai l'honneur de porter à votre connaissance un jugement du tribunal civil de Brest et un arrêt de la cour d'appel de Rennes, déclarant constant le décès de toutes les personnes qui composaient l'équipage du Monge lors de la disparition de cette corvette dans le cyclone du 4 décembre 1868.

J'appelle toute votre attention sur ces deux décisions judiciaires qui sont de la plus grande importance. Elles consacrent la doctrine que le département de la marine avait déjà fait prévaloir dans les affaires de l'Étincelle et de la Gorgone, de la Ressource et du Casse-Tête, savoir :

1° Que la constatation judiciaire du décès des marins disparus, soit à bord d'un bâtiment, soit à terre dans un combat, est une mesure d'ordre public que les parquets ont le droit et le devoir de provoquer ;

2° Que le tribunal du port d'armement est compétent pour régulariser par un seul et même jugement l'état civil des personnes disparues avec le bâtiment, le port étant alors considéré comme le dernier domicile de l'équipage.

Affirmée pour la cinquième fois par le tribunal de Brest, cette décision a reçu l'assentiment de la cour de Rennes, qui avait été appelée à se prononcer sur l'interprétation des articles 86, 87 et 60 du Code civil. Contrairement à la décision du tribunal de Brest, qui chargeait le Ministre de la marine de l'exécution du jugement, la cour de Rennes, adoptant les motifs invoqués par les départements de la justice et de la marine, a formellement déclaré que, d'après l'esprit général de notre législation et les textes du Code de procédure civile : « la transmission du jugement de même que les autres mesures propres à en assurer l'exécution incombaient à l'officier « du ministère public à la requête duquel il avait été rendu. »

Recevez, Messieurs, l'assurance de ma considération la plus distinguée.

Le Vice-Amiral, Ministre de la Marine et des Colonies,

Signé : A. POTHUAU.

CIRCULAIRE DU 11 DÉCEMBRE 1878.
(Bulletin officiel, page 849 et suivantes.)

DISPARITION EN MER. — RAPPORT À FOURNIR EN VUE DE LA DÉCLARATION JUDICIAIRE DU DÉCÈS DES HOMMES DISPARUS.

. . . .

J'ai décidé que les autorités maritimes devaient, en cas de disparition présentant la certitude d'un décès, mettre mon département à même de réclamer près des tribunaux compétents des jugements déclarant le décès, par application de l'avis du Conseil d'État du 12 brumaire an XI et de l'article 122 du décret du 18 juin 1871.

A cet effet, toutes les fois qu'un des événements de ce genre se présentera, le commandant du bâtiment aura à faire procéder à une enquête minutieuse sur les circonstances qui l'ont accompagné ou suivi.

Les investigations devront porter sur les moindres détails de l'accident et clairement établir si, en raison de l'éloignement des côtes, de la vitesse et de la direction des courants, de l'état de la mer, de l'absence de tout bâtiment ou embarcation mouillés à proximité, ou par tout autre motif, il y a certitude morale que l'homme disparu n'a pu échapper à la mort.

Il fera certifier également, par l'autorité médicale du bord, les conséquences probables ou certaines de la chute de l'homme à la mer suivant les conditions dans lesquelles elle s'est produite.

Les circonstances physiques de santé, de complexion ou de disposition interne qui auront pu diminuer ou augmenter les chances de mort de l'individu, devront être relatées autant qu'il sera possible.

Au rapport qui me sera adressé, il y aura lieu de joindre, lorsque l'accident aura eu lieu près des côtes, un certificat de l'autorité compétente ou de l'autorité locale (consul ou maire) attestant que le cadavre n'a pas été retrouvé ni inhumé depuis la date du procès-verbal de disparition.

Ces documents réunis me permettront d'introduire auprès de M. le Garde des sceaux les instances nécessaires pour faire déclarer judiciairement le décès des hommes disparus à la mer.

Le Ministre de la Marine et des Colonies,

Signé : JAURÉGUIBERRY.

Si la relâche a lieu dans une colonie française ou dans un pays étranger, résidence d'un agent diplomatique, consul ou vice-consul de France, l'officier instrumentaire remettra en temps de paix trois, et, en temps de guerre, quatre expéditions du procès-verbal au commissaire des armements ou à l'agent français : l'une de ces expéditions restera déposée au bureau de la marine ou à la chancellerie, et les autres seront envoyées successivement, par ce commissaire ou cet agent, au Ministre de la marine, qui les fera passer au port d'armement du bâtiment ou navire.

Dans les colonies et en pays étranger.

Dans aucun cas, ce procès-verbal ne peut *tenir lieu d'acte de décès ni servir à rédiger d'acte de décès* : les expéditions qui en seront délivrées devront toujours porter cette indication.

Ne peut servir d'acte de décès.

———

Si, *pendant le séjour d'un bâtiment de l'État ou d'un navire du commerce dans les ports, rivières et rades de France (que ce bâtiment ou navire soit ou non en cours de voyage),* un individu appartenant à l'équipage ou un passager tombe à la mer, et que tous les moyens employés pour le sauver, toutes les recherches faites pour retrouver son cadavre, aient été infructueux, l'officier instrumentaire dressera immédiatement procès-verbal de l'événement (1), et il en remettra, sans délai, deux expéditions authentiques au commissaire des armements ou de l'inscription maritime du port, qui en fera passer une au maire de la commune de laquelle dépend le port ou la rade.

Individu tombé à la mer dans les ports, rivières et rades, et non sauvé : procès-verbal à dresser de l'événement.

Dans les colonies françaises, il sera remis de ce procès-verbal trois ou quatre expéditions, selon l'état de paix ou de guerre.

Colonies françaises.

Si, ensuite, le cadavre est sauvé par les gens de l'équipage du bâtiment ou navire auquel appartenait l'individu disparu, ou par tout autre, ou s'il est retrouvé sur les bords de la mer ou d'une rivière, sa reconnaissance, son inhumation et la rédaction de l'acte de décès concernent l'officier de l'état civil à terre, ou l'officier sanitaire si le bâtiment ou navire est en quarantaine; seulement, les personnes qui auront signé le procès-verbal de disparition, comme témoins de l'événement, seront tenues, si le bâtiment ou navire n'est pas en partance, d'obtempérer à la réquisition qui pourrait leur être faite par l'autorité civile, judiciaire ou sanitaire, de venir constater, conjointement avec elle, l'identité du cadavre.

Si, ensuite, le cadavre est sauvé ou retrouvé.

L'administrateur de la marine réclamera, dans ce cas, auprès de l'autorité civile ou sanitaire, un extrait de l'acte de décès qui aura été rédigé par elle.

Réclamation de l'acte de décès.

Dans les ports de France, si l'administrateur est dépositaire d'un double du rôle d'équipage, il annotera, en marge du nom de l'individu, la date du procès-verbal de disparition, et, s'il y a lieu, celle de l'acte de décès; s'il ne possède pas ce rôle, il transmettra tous les renseignements relatifs à l'événement au commissaire des armements ou de l'inscription maritime du port d'armement du bâtiment ou navire.

Annotation à faire sur le rôle déposé à terre; renseignements à procurer dans le port d'armement, etc.

Dans les colonies françaises, ces renseignements seront envoyés au Ministre de la marine, qui les transmettra audit commissaire.

Dans les colonies, les renseignements sont à transmettre au Ministre.

Mais, *en France et dans les colonies,* l'administrateur de la marine qui aura obtenu l'extrait de l'acte de décès en donnera, s'il est possible, *avis* à l'officier instrumentaire du bâtiment ou navire auquel appartenait la personne décédée, afin que celui-ci

En France ou dans les colonies, avis à en donner, s'il est possible, à l'officier instrumentaire

(1) Ce sont les modèles indiqués dans la note ci-dessus.

fasse mention sur le rôle d'équipage, à côté du nom de cette personne et en marge
du procès-verbal de sa disparition du bord, de la date de cet acte et du lieu où il a
été dressé.

Les mêmes dispositions seront à exécuter *dans les pays étrangers où il existe des
agents diplomatiques, consuls ou vice-consuls de France.*

Mais *s'il n'y a pas d'agents français,* le capitaine du bâtiment de l'État ou du
navire du commérce réclamera des autorités locales une expédition de l'acte de
décès, si le cadavre était retrouvé avant le départ dudit bâtiment ou navire; l'officier
instrumentaire devra, dans ce cas, transcrire littéralement cet acte (*à titre de renseignements*) sur le rôle d'équipage à la suite des actes de l'état civil : expéditions en
seront remises, lors des relâches, ainsi qu'il est dit ci-dessus ; l'original sera annexé
au rôle d'équipage.

Si le cadavre n'avait pas été retrouvé au moment du départ, le capitaine invitera
les autorités locales, dans le cas où le sauvetage en aurait lieu plus tard, à envoyer
une expédition de l'acte de décès au port le plus voisin, français ou étranger (résidence d'un agent français); et, pour rendre cette mesure plus efficace encore, ce
capitaine devra profiter des occasions qui pourraient se présenter, pour adresser une
expédition du procès-verbal de disparition au commissaire de la marine ou à l'agent
diplomatique, consul ou vice-consul de France résidant dans ledit port, afin que
celui-ci puisse, au besoin, réclamer de ces autorités l'envoi de l'expédition de l'acte
dont il s'agit.

Dès que les administrateurs de la marine seront possesseurs des actes de décès
dressés par les autorités étrangères, ils en feront des copies littérales qu'ils transmet-
tront, par des occasions différentes, au Ministre de la marine; les originaux resteront
déposés entre leurs mains.

Les agents diplomatiques, consuls et vice-consuls de France, se conformeront
aussi à cette disposition; seulement, ils adresseront les copies des actes de décès au
Ministre des affaires étrangères, et se borneront à donner *avis* de cet envoi au
Ministre de la marine, en lui indiquant la date des actes, les lieux où ils ont été
dressés, etc.

TROISIÈME PARTIE.

DISPOSITIONS
APPLICABLES AUX ACTES ET PROCÈS-VERBAUX QUI PRÉCÈDENT. (Iʳᵉ ET IIᵉ PARTIES.)

Il sera fait mention, sur les rôles d'équipage, dans la colonne *Mutations et mouve-
ments:*

1° *Au nom d'une femme passagère,* de l'heure et de la date de la naissance ainsi que
du sexe de l'enfant auquel elle aura donné le jour à bord; si cet enfant est légitime
ou naturel, et des prénoms et nom donnés à l'enfant et portés dans l'acte de naissance.

Si un enfant était présenté sans vie, avant que sa naissance eût été enregistrée, on fera
également mention, sur le rôle, des an, mois, jour et heure auxquels il est sorti du
sein de sa mère.

2° *Au nom de la personne qui aura fait dresser un acte de reconnaissance d'enfant naturel,* de la date et du lieu de la naissance de l'enfant reconnu, des prénoms et nom portés dans son acte de naissance, et de ceux indiqués dans l'acte de reconnaissance. Les reconnaissances d'enfants naturels.

Si l'enfant est à naître, on mentionnera les prénoms, nom, profession et domicile de la mère.

3° *Au nom d'un individu décédé,* de la date et du genre de la mort; à bord des bâtiments de l'État seulement on se conformera, pour ce dernier renseignement, à ce qu'indiquera l'acte inscrit à la suite de l'acte de décès. (Voyez page 11.) Les décès.

4° *Au nom d'un individu disparu,* de la date et de la cause de la disparition, ainsi que de l'endroit, du parage ou de la hauteur où cette disparition a eu lieu. Les disparitions.

Si le cadavre est retrouvé plus tard, on indiquera aussi la date de l'acte de décès rédigé à terre et le nom de la commune ou du pays où il a été dressé.

Dans ces divers cas, de la date des actes et du folio de leur inscription sur le rôle d'équipage, de la date des remises des expéditions desdits actes, des autorités auxquelles ces remises auront été faites, de la date de leurs récépissés, etc.

———

Il est expressément défendu aux officiers instrumentaires de délivrer aux personnes intéressées ou à tout autre des expéditions ou des extraits réguliers, *faisant preuve, des actes de l'état civil,* inscrits sur les rôles d'équipage dont ils sont dépositaires pendant leur embarquement, cette délivrance ne pouvant être faite qu'à terre par les officiers de l'état civil qui ont inscrit ces actes sur leurs registres, et ce, aux termes de l'article 45 (livre Ier, titre III, chapitre Ier) du Code Napoléon, qui est ainsi conçu : Défense aux officiers instrumentaires de délivrer aux intéressés des expéditions des actes de l'état civil, etc.

« Toute personne pourra se faire délivrer, par les dépositaires des registres de l'état civil, « des extraits de ces registres. Les extraits délivrés conformes aux registres, et légalisés par « le président du tribunal de première instance, ou par le juge qui le remplacera, feront foi « jusqu'à inscription de faux. »

La même défense est faite aux commissaires des armements et de l'inscription maritime dans les ports de France et des colonies françaises, soit qu'ils ne possèdent que les expéditions de ces actes, soit que les rôles d'équipage aient été déposés à leurs bureaux, au désarmement des bâtiments ou navires. Même défense est faite aux administrateurs de la marine.

Les agents diplomatiques, consuls et vice-consuls de France dans les pays étrangers, ont aussi à se conformer à cette disposition pour les actes, dressés en mer, dont les expéditions auront pu leur être remises par les officiers instrumentaires. Même défense aux agents français.

Mais, lorsque ces agents ont, conformément à l'article 48 (voyez page 5), à dresser, à terre, des actes, en qualité d'officier de l'état civil, ils délivrent, comme ceux-ci, en vertu de l'article 45, des extraits de ces actes aux parties intéressées. Exception.

Si des extraits de rôles d'équipage, de matricules de l'inscription maritime ou des corps organisés, etc. sont ultérieurement réclamés par les parents d'in- Les extraits des rôles, matricules, etc. peuvent être délivrés.

dividus morts à bord des bâtiments de l'État ou des navires du commerce, les administrateurs de la marine ou les conseils d'administration des corps pourront les délivrer.

Procès-verbaux de disparition.

Relativement aux *procès-verbaux constatant la disparition d'individus du bord,* les commissaires des armements et de l'inscription maritime pourront *seuls* en délivrer des copies littérales aux intéressés qui en formeront la demande.

Mais les uns et les autres ne peuvent tenir lieu d'actes de décès, etc.

Mais, dans l'un et dans l'autre cas, on devra indiquer en tête de ces extraits ou copies qu'*ils ne peuvent tenir lieu d'actes de décès ni servir à rédiger des actes de décès.*

Si les intéressés veulent faire constater l'absence d'un individu disparu.

Lorsque les intéressés voudront faire déclarer soit l'absence, soit le décès (1), ils auront à se pourvoir, à cet effet, devant le tribunal de première instance, ainsi que le prescrivent les dispositions suivantes :

ARTICLE 115 (livre Iᵉʳ, titre IV, chapitre II) du Code civil. « Lorsqu'une personne « aura cessé de paraître au lieu de son domicile ou de sa résidence, et que depuis quatre ans

---

(1) *Loi du 13 janvier 1817*, remise en vigueur pour les événements de la guerre avec l'Allemagne, par la loi du 9 août 1871. (B. O. 2ᵉ sem°. — 1871, p. 148.) ARTICLE 1ᵉʳ. « Lorsqu'un militaire ou un marin en activité pendant les guerres qui ont eu lieu « depuis le 21 avril 1792 jusqu'au traité de paix du 20 novembre 1815 aura cessé de paraître, avant cette dernière époque, à « son corps et au lieu de son domicile ou de sa résidence, ses héritiers présomptifs ou son épouse pourront dès à présent se « pourvoir au tribunal de son dernier domicile, soit pour faire déclarer son absence, soit pour faire constater son décès, soit « pour l'une de ces fins au défaut de l'autre. »

ARTICLE 2. « Leur requête et les pièces justificatives seront communiquées au procureur du Roi, et par lui adressées au « ministre de la justice, qui les transmettra au ministre de la guerre ou au ministre de la marine, selon que l'individu appar- « tiendra au service de terre ou à celui de mer, et rendra publique la demande, ainsi qu'il est prescrit à l'égard des jugements « d'absence par l'article 118 du Code civil. »

(Cet article est ainsi conçu : « Le procureur du Roi enverra, aussitôt qu'ils seront rendus, les jugements tant préparatoires que « définitifs, au ministre de la justice, qui les rendra publics. »)

ARTICLE 3. « La requête, les extraits d'actes, pièces et renseignements recueillis au ministère de la guerre ou de la marine, « sur l'individu dénommé dans ladite requête, seront renvoyés, par l'intermédiaire du ministre de la justice, au procureur du « Roi.

« Si l'acte de décès a été transmis au procureur du Roi, il en fera immédiatement le renvoi à l'officier de l'état civil, qui sera « tenu de se conformer à l'article 98 du Code civil. »

(Cet article est ainsi conçu : « L'officier de l'état civil du domicile des parties, auquel il aura été envoyé de l'armée expédition « d'un acte de l'état civil, sera tenu de l'inscrire de suite sur les registres. »)

« Le procureur du Roi remettra le surplus des pièces au greffe, après en avoir prévenu l'avoué des parties requérantes, et, à « défaut d'actes de décès, il donnera ses conclusions. »

ARTICLE 4. « Sur le vu du tout, le tribunal prononcera.

« S'il résulte des pièces et renseignements fournis par le ministre que l'individu existe, la demande sera rejetée.

« S'il y a lieu seulement de présumer son existence, l'instruction pourra être ajournée pendant un délai qui n'excédera pas « une année.

« Le tribunal pourra aussi ordonner les enquêtes prescrites par l'article 116 du Code civil pour confirmer les présomptions « [résultant desdites pièces et renseignements].

« Enfin, l'absence pourra être déclarée, ou sans autre instruction, ou après ajournement et enquêtes, s'il est prouvé que « l'individu a disparu sans qu'on ait eu de ses nouvelles, savoir : depuis deux ans, quand le corps, le détachement ou l'équipage « dont il faisait partie, servait en Europe; et depuis quatre ans, quand le corps, le détachement ou l'équipage se trouvait hors « de l'Europe. »

ARTICLE 5. « La preuve testimoniale du décès pourra être ordonnée, conformément à l'article 46 du Code civil, s'il est « prouvé, soit par l'attestation du ministre de la guerre ou de la marine, soit par toute autre voie légale, qu'il n'y a pas eu de « registres, ou qu'ils ont été perdus ou détruits, en tout ou en partie, ou que leur tenue a éprouvé des interruptions.

« Dans le cas du présent article, il sera procédé aux enquêtes contradictoirement avec le procureur du Roi. »

(L'article 46 du Code civil est ainsi conçu : « Lorsqu'il n'aura pas existé de registres, ou qu'ils seront perdus, la preuve en « sera reçue tant par titres que par témoins; et dans ce cas les mariages, naissances et décès pourront être prouvés tant par les « registres et papiers émanés des père et mère décédés que par témoins. »)

ARTICLE 6. « Lorsqu'il s'agira de déclarer l'absence ou de constater en justice le décès des personnes mentionnées en l'ar- « ticle 1ᵉʳ de la présente loi, les jugements contiendront uniquement les conclusions, le sommaire des motifs et le dispositif, sans « que la requête puisse y être insérée. Les parties pourront même se faire délivrer par simple extrait le dispositif des jugements « interlocutoires, et, s'il y a lieu à enquête, elles seront mises en minute sous les yeux des juges. »

ARTICLE 7. « Dans aucun cas, le jugement définitif portant déclaration d'absence ou de décès ne pourra intervenir qu'après « le délai d'un an, à compter par l'annonce officielle prescrite par l'article 2. »

ARTICLE 8. « Le procureur du Roi et les parties requérantes pourront interjeter appel des jugements, soit interlocutoires, soit « définitifs.

« on n'en aura point eu de nouvelles, les parties intéressées pourront se pourvoir devant le « tribunal de première instance, afin que l'absence soit déclarée. »

ARTICLE 116. « Pour constater l'absence, le tribunal, d'après les pièces et documents « produits, ordonnera qu'une enquête soit faite contradictoirement avec le procureur impé- « rial, dans l'arrondissement du domicile et dans celui de la résidence, s'ils sont distincts « l'un de l'autre. »

ARTICLE 117. « Le tribunal, en statuant sur la demande, aura d'ailleurs égard aux « motifs de l'absence et aux causes qui ont pu empêcher d'avoir des nouvelles de l'individu « présumé absent. »

Avis à donner des décès ou des disparitions aux commissaires ou aux corps.

Si les individus décédés ou disparus avaient appartenu à l'inscription maritime ou à des corps organisés, les administrateurs de la marine qui auront reçu les expéditions des actes de décès ou des procès-verbaux de disparition (et s'il y a lieu, l'acte constatant le genre ou les causes de la mort) donneront *avis* (1) de ces événements aux commissaires des quartiers d'inscription des marins, et autres conseils d'administration des corps auxquels ils ont pu appartenir, ou, seulement aux conseils d'administration s'il s'agit de militaires, pour qu'il en soit fait immédiatement mention sur les matricules de l'inscription maritime ou des corps.

Feuilles imprimées à délivrer au départ, pour la transcription des expéditions, à remettre à terre, des actes de l'état civil.

Afin de procurer aux officiers instrumentaires les moyens de remettre, aussitôt après leur arrivée dans les ports de relâche, les expéditions des actes et des procès-verbaux ci-dessus relatés, il leur sera fourni, par les soins de l'administration de la marine, dans les ports d'armement, et ce, au moment du départ des bâtiments ou navires, une quantité suffisante de feuilles imprimées de chacun des modèles desdits actes et procès-verbaux.

« L'appel du procureur du Roi sera, dans le délai d'un mois, à dater du jugement, signifié à la partie, au domicile de son « avoué.

« Les appels seront portés à l'audience sur simple acte et sans aucune procédure ».

ARTICLE 9. « Dans le cas d'absence déclarée en vertu de la présente loi, si le présumé absent a laissé une procuration, l'envoi « en possession provisoire sous caution pourra être demandé, sans attendre les délais prescrits par les articles 121 et 122 du « Code civil, mais à la charge de restituer en cas de retour, sous les déductions de droit, la totalité des fruits perçus pendant « les dix premières années de l'absence.

« Les parties requérantes qui posséderont des immeubles reconnus suffisants pour répondre de la valeur des objets suscep- « tibles de restitution en cas de retour pourront être admises par le tribunal à se cautionner sur leurs propres biens. »

ARTICLE 121 (livre Ier, titre IV, chapitre II) du Code civil. « Si l'absent a laissé une procuration, ses héritiers présomptifs « ne pourront poursuivre la déclaration d'absence et l'envoi en possession provisoire qu'après dix années révolues depuis sa disparition « ou depuis ses dernières nouvelles. »

ARTICLE 122. « Il en sera de même si la procuration vient à cesser, et, dans ce cas, il sera pourvu à l'administration des biens de « l'absent, comme il est dit au chapitre Ier du présent titre. »

ARTICLE 112 (mêmes livre et titre, chapitre Ier) du Code civil. « S'il y a nécessité de pourvoir à l'administration de tout ou partie des « biens laissés par une personne présumée absente, et qui n'a point de procureur fondé, il y sera statué par le tribunal de première instance, « sur la demande des parties intéressées. »

ARTICLE 10. « Feront preuve en justice, dans les cas prévus par la présente loi, les registres et actes de décès des militaires « tenus conformément aux articles 88 et suivants du Code civil, bien que lesdits militaires soient décédés sur le territoire fran- « çais, s'ils faisaient partie des corps ou détachements d'une armée active ou de la garnison d'une ville assiégée. »

ARTICLE 11. « Si les héritiers présomptifs ou l'épouse négligent d'user du bénéfice de la présente loi, les créanciers ou autres « personnes intéressées pourront, un mois après l'interpellation qu'ils seront tenus de leur faire signifier, se pourvoir eux-mêmes « en déclaration d'absence ou de décès. »

ARTICLE 12. « Les dispositions de la présente loi sont applicables à l'absence ou au décès de toutes personnes inscrites aux « bureaux des classes de la marine, à celles attachées par brevets ou commissions aux services de santé, aux services administra- « tifs des armées de terre ou de mer, ou portées sur les contrôles réguliers des administrations militaires.

« Elles pourront être appliquées par nos tribunaux à l'absence et aux décès des domestiques, vivandiers et autres personnes « à la suite des armées, s'il résulte des rôles d'équipages, des pièces produites et des registres de police, permissions, passe- « ports, feuilles de route et autres registres déposés aux ministères de la guerre et de la marine, ou dans les bureaux en dépen- « dant, des preuves et des documents suffisants sur la profession desdites personnes et sur leur sort. »

ARTICLE 13. « Les dispositions du Code civil relatives aux absents, auxquelles il n'est pas dérogé par la présente loi, conti- « nueront d'être exécutées. »

(1) Voyez modèle n° 12, page 87.

Le nombre en sera annoté sur le rôle d'équipage.

Le nombre de feuilles en sera annoté sur le rôle d'équipage, par le commissaire des armements ou de l'inscription maritime, en tête de la partie réservée pour la transcription des actes de l'état civil. L'officier instrumentaire devra, ensuite, indiquer au-dessous le détail et l'emploi desdites feuilles : celles gâtées devront être annexées au rôle et apportées à terre.

Si l'emploi des feuilles ne peut être justifié au désarmement;

L'officier instrumentaire qui, lors du désarmement, ne présentera pas les feuilles dont il ne pourra légalement justifier l'emploi, est passible de punitions disciplinaires.

Ou lorsqu'il est demandé de nouvelles feuilles.

Les mêmes dispositions sont applicables à tout officier instrumentaire qui, formant la demande de nouvelles feuilles, ne pourrait justifier l'emploi de celles qui lui auraient été précédemment délivrées dans le même port ou dans tout autre.

Expéditions à transmettre par les commissaires.

Les expéditions des actes que les administrateurs de la marine doivent envoyer directement aux officiers de l'état civil seront inscrites sur des feuilles qui seront également imprimées.

Ce que l'on doit faire lorsqu'il y a lieu d'opérer quelque changement sur les modèles imprimés.

Dans le cas où quelques-uns des mots imprimés sur les modèles différeraient de ceux relatés dans les actes, ils seront rayés : leur nombre sera indiqué, en marge, par un renvoi (*tant de mots rayés nuls*), et la personne qui délivrera l'expédition parafera ce renvoi. Si, au contraire, un ou plusieurs mots devaient être ajoutés à la main au-dessus des mots imprimés, on les répétera à la marge, en les indiquant au moyen d'un renvoi qui sera également parafé. A la fin de l'expédition on portera : *Bon pour tant de mots rayés nuls* ou *ajoutés*.

Des changements non opérés régulièrement peuvent entraîner l'annulation de l'expédition.

On devra se conformer avec d'autant plus de soin à ces dispositions que des changements ou augmentations qui n'auraient pas été approuvés de cette manière entraîneraient l'annulation de l'expédition.

QUATRIÈME PARTIE.

TESTAMENTS.

Disposition du Code civil.

Article 967 (livre III, titre II, chapitre V, section Irᵉ) du Code civil. « Toute personne « pourra disposer par testament, soit sous le titre d'institution d'héritier, soit sous le titre « de legs, soit sous toute autre dénomination propre à manifester sa volonté. »

Article 968. « Un testament ne pourra être fait dans le même acte par deux ou plusieurs « personnes, soit au profit d'un tiers, soit à titre de disposition réciproque et mutuelle. »

Article 969. « Un testament pourra être *olographe*, ou fait par *acte public* ou dans la « *forme mystique* (1). »

TESTAMENT OLOGRAPHE.

Article 970. « Le testament olographe ne sera point valable, s'il n'est écrit en entier, « daté et signé de la main du testateur : il n'est assujetti à aucune autre forme. »

Cas de nullité.

Le testament olographe est nul s'il manque une de ces trois formalités.

Un mot qui serait écrit de la main d'une autre personne rendrait ce testament nul, quand même ce mot serait superflu.

(1) Le Code civil n'ayant pas autorisé la réception des testaments mystiques pendant les voyages de mer, il ne sera pas fait mention de ces actes dans la présente instruction. (Les articles 975, 976, 977, 978 et 979 du Code civil sont relatifs à la réception de ces actes à terre.)

Un mot, même écrit d'une autre main en interligne, causerait également l'annulation du testament olographe, s'il est constant que ce mot faisait partie du testament : par exemple, si l'interligne a été approuvé par le testateur. Mais si cet interligne avait été ajouté après coup, et sans le consentement du testateur, par un tiers auquel il aurait confié son testament, il n'en causerait pas la nullité, parce qu'il ne peut pas être laissé au pouvoir d'un tiers de détruire ainsi un testament (1).

TESTAMENT PAR ACTE PUBLIC (2).

ARTICLE 988 (livre III, titre II, chapitre V, section II). « Les testaments faits sur mer, dans
« le cours d'un voyage, pourront être reçus, savoir :

« *A bord des vaisseaux et autres bâtiments de l'État* (3), par l'officier commandant le bâti
« ment, ou, à son défaut, par celui qui le supplée dans l'ordre du service, l'un ou l'autre
« conjointement avec l'officier d'administration ou avec celui qui en remplit les fonctions;

« Et, *à bord des bâtiments du commerce* (4), par l'écrivain du navire ou celui qui en fait les
« fonctions, l'un ou l'autre conjointement avec le capitaine, le maître ou le patron, ou, à
« leur défaut, par ceux qui les remplacent.

« Dans tous les cas, ces testaments devront être reçus en présence de deux témoins. »

ARTICLE 989. « Sur les bâtiments de l'État, le testament du capitaine ou celui de l'officier
« d'administration, et, sur les bâtiments du commerce, celui du capitaine, du maître ou patron,
« ou celui de l'écrivain, pourront être reçus par ceux qui viennent après eux dans l'ordre du
« service, en se conformant, pour le surplus, aux dispositions de l'article précédent. »

Âge des officiers instrumentaires.

Ainsi qu'il a été dit, page 7, ne peut exercer les fonctions d'officier instrumentaire celui qui n'a pas *vingt et un ans accomplis.*

En conséquence,

BÂTIMENTS DE L'ÉTAT.
Remplacement du capitaine, en cas d'empêchement, etc.

A bord d'un bâtiment de l'État, si le capitaine n'a pas l'âge requis, ou en cas de maladie ou de mort, il est remplacé, dans les fonctions d'officier instrumentaire, par l'officier en second.

Idem de l'officier en second.

Et, pour les mêmes motifs, l'officier en second est, à son tour, remplacé par celui qui vient après lui dans l'ordre du service. (*Voyez, à ce sujet, l'article 63 du décret du 20 mai 1868, sur le service à la mer.*)

Appareillages, mouillages, combats, etc.

« Aux termes de l'article 232 du même décret, le capitaine doit commander lui-
« même, ou par l'organe de l'officier de manœuvre, lors des appareillages et des
« mouillages, pendant le combat; et généralement dans toutes les circonstances
« importantes. »

Et, d'après l'article 367 : « Pendant le combat, et toutes les fois que le capitaine
« commande lui-même la manœuvre, l'officier en second se tient à portée de lui,
« prêt à recevoir ses ordres et à se rendre partout où sa présence peut être néces-
« saire. »

---

(1) Un testament olographe est ordinairement commencé ainsi qu'il suit :

Ceci est mon testament.

Prénoms, nom, grade, qualité ou profession et dernier domicile du testateur.
*Si c'est une femme (prénoms et nom de famille et dernier domicile), femme d   ou veuve d
(prénoms, nom, etc. du mari).*

Je recommande mon âme à Dieu, et je le prie de me pardonner mes péchés ;

Je soussigné *

(*Suivent les dispositions testamentaires.*)

NOTA. Voyez page 105 les formules des principales dispositions testamentaires que l'on peut insérer dans le testament olographe comme dans tous les autres testaments.

(2) On rappelle que la reconnaissance d'un enfant naturel peut avoir lieu, à bord, soit par un acte de reconnaissance (voyez page 14), soit par un testament par acte public.

(3) Voyez le modèle n° 13, page 91.

(4) Voyez le modèle n° 15, page 96.

Dans ces circonstances, par qui le capitaine est remplacé.

D'après cela, si, dans l'une de ces circonstances, il y a nécessité de recevoir, incontinent, un testament par acte public, le capitaine (ou celui qui l'a momentanément ou définitivement remplacé dans le commandement) délègue l'officier qui vient après lui, ou tout autre officier, ayant au moins vingt et un ans, pour remplir, à son défaut, les fonctions d'officier instrumentaire.

Capitaine chargé également de la comptabilité; quelle personne doit l'assister.

Si le capitaine est également chargé de la comptabilité du bâtiment, il appelle, pour recevoir conjointement avec lui le testament, un officier ou, à défaut, un officier-marinier de l'équipage, âgé de vingt et un ans au moins; l'un ou l'autre remplit alors les fonctions attribuées par le Code civil à l'officier d'administration de la marine (art. 988).

Officier d'administration.

Lorsque la comptabilité a été confiée à un officier d'administration qui n'a pas l'âge requis pour exercer aussi les fonctions d'officier instrumentaire, la personne qui, conformément à l'article 607 du décret du 20 mai 1868 (voyez page 7), doit le remplacer en cas d'empêchement ou de mort est, dans cette circonstance, appelée par le capitaine pour recevoir, conjointement avec lui, un testament par acte public.

NAVIRES DU COMMERCE.

Le capitaine est l'officier instrumentaire.

A bord des navires du commerce où il n'est plus embarqué d'écrivains, les capitaines (maîtres ou patrons) sont, en même temps, chargés du commandement et des écritures du bord.

Personne qui doit l'assister.

C'est donc le capitaine (maître ou patron) d'un navire du commerce qui doit remplir les fonctions d'officier instrumentaire pour la réception du testament par acte public; et, pour le remplacer dans les fonctions que lui assigne l'article 988 du Code civil, il appelle, pour recevoir cet acte conjointement avec lui, le second ou le marin du bord le plus élevé en grade, ayant vingt et un ans accomplis, et sachant lire et écrire.

En cas d'empêchement, ou de mort, par qui rempli.

Si le capitaine (maître ou patron) n'a pas l'âge requis, ou en cas de maladie ou de mort, il est remplacé, *en qualité d'officier instrumentaire,* par le second du navire, si d'ailleurs ce dernier est âgé de vingt et un ans au moins; le second doit alors se conformer aux dispositions ci-dessus, relativement au marin qu'il doit s'adjoindre pour recevoir l'acte dont il s'agit.

L'officier instrumentaire ne peut refuser son ministère.

La personne chargée, à bord, de recevoir les testaments par actes publics ne peut refuser son ministère lorsqu'elle en est requise (1); mais elle doit s'en abstenir toutes les fois:

Exception.

1° Que le testateur est son parent ou son allié en ligne directe à tous les degrés, et, en collatérale, jusqu'au degré d'oncle ou de neveu inclusivement (2);

2° Que ses parents, aux mêmes degrés, doivent avoir part aux dons ou legs du testateur (3).

(1) *Loi du 16 mars 1803* [25 *ventôse an* xi], sur le NOTARIAT. ARTICLE 3 (titre Ier, section Ire). « Ils sont tenus de prêter leur « ministère lorsqu'ils en sont requis. »

(2) Voyez les articles 735 à 738 du Code civil, page 10.

(3) *Loi du 16 mars 1803.* ARTICLE 8 (titre Ier, section II). « Les notaires ne pourront recevoir des actes dans lesquels leurs « parents ou alliés, en ligne directe à tous les degrés, et en collatérale jusqu'au degré d'oncle ou de neveu inclusivement, « seraient parties, ou qui contiendraient quelque disposition en leur faveur. »

Dans l'un et l'autre cas, cette personne doit être remplacée, ainsi qu'il a été dit ci-dessus, pour les cas d'empêchement, de mort, etc.

Dans les cas exceptionnels, par qui il doit être remplacé.

Ces dispositions sont également applicables à celui conjointement avec lequel le testament doit être reçu.

Idem la personne conjointement avec laquelle le testament est reçu.

Si ce dernier était parent ou allié, aux mêmes degrés, de la personne chargée de recevoir le testament, il doit être également remplacé.

Cas où elle doit être remplacée.

Le testament doit toujours faire mention des causes pour lesquelles les personnes désignées dans l'article 988 du Code civil n'ont pu recevoir elles-mêmes ce testament, ou être présentes à sa réception.

Mentionner dans l'acte les causes des remplacements.

ARTICLE 975 (livre III, titre II, chapitre V, section 1re) du Code civil. « Ne pourront « être pris pour témoins du testament par acte public ni les légataires, à quelque titre que « ce soit, ni les parents ou alliés jusqu'au quatrième degré inclusivement... »

Témoins.

ARTICLE 980. « Les témoins appelés, pour être présents aux testaments, devront être « mâles, majeurs, Français, jouissant des droits civils. »

Les parents ou alliés au degré prohibé (1) de personne chargée de recevoir le testament ou de celle conjointement avec laquelle il doit être reçu, ne pourront être admis comme témoins : leurs serviteurs et ceux des parties contractantes ne pourront l'être également. (*Disposition de l'article 8 de la loi du 16 mars 1803 [25 ventôse an XI] sur le notariat.*)

Les parents ne peuvent être admis comme témoins.

Le testament doit être dicté par le testateur, et écrit tel qu'il est dicté, par l'officier instrumentaire, et non par un autre (2).

Le testament dicté par le testateur.

ARTICLE 997. « Le testament fait sur mer ne pourra contenir aucune disposition au profit « des officiers du vaisseau, s'ils ne sont parents du testateur. »

Il ne peut contenir aucune disposition en faveur des officiers du bâtiment ou navire.

Cette interdiction s'applique aux officiers des navires du commerce, aussi bien qu'à ceux des bâtiments de l'État, qu'ils soient ou non officiers instrumentaires.

Si des officiers des bâtiments de l'État ou des navires du commerce sont parents du testateur, le testament peut contenir des dispositions en leur faveur; mais, dans ce cas, ils ne peuvent ni être officiers instrumentaires, ni assister ces derniers. (Voyez page 25.)

A moins qu'ils ne soient parents.

ARTICLE 997. « Dans tous les cas, il sera fait un double original des testaments mention- « nés aux deux articles précédents. »

Le testament est fait en double expédition.

Ce ne doit pas être une simple expédition du testament, mais un second original écrit par l'officier instrumentaire qui aura écrit le premier, et revêtu des mêmes formalités et signatures que celui-ci.

Signé par qui.

---

(1) Voyez, pour les degrés de parenté, page 10.

(2) ARTICLE 972 (livre III, titre II, chapitre V, section Ire) du Code civil. « Si le testament est reçu par deux notaires, il « leur est dicté par le testateur, et il doit être écrit par l'un de ces notaires, tel qu'il est dicté.

« S'il n'y a qu'un notaire, il doit également être dicté par le testateur, et écrit par ce notaire. (*A bord, c'est l'officier instru-* « *mentaire.*)

« Dans l'un et l'autre cas, il doit en être donné lecture au testateur, en présence des témoins.

« Il est fait du tout mention expresse. »

4.

Lecture à en don
ner.

Il doit être donné lecture du testament ainsi écrit au testateur, en présence des témoins (1).

ARTICLE 998. « Les testaments compris dans les articles ci-dessus de la présente section « seront signés par les testateurs et par ceux qui les auront reçus.

« Si le testateur déclare qu'il ne sait ou ne peut signer, il sera fait mention de sa décla- « ration, ainsi que de la cause qui l'empêche de signer.

« Dans le cas où la présence de deux témoins est requise (*et elle l'est toujours pour les* « *testaments par actes publics faits sur mer*, voyez *l'article 988, page 25*), le testament sera « signé au moins par l'un d'eux, et il sera fait mention de la cause pour laquelle l'autre « n'aura pas signé. »

ARTICLE 1001. « Les formalités auxquelles les divers testaments sont assujettis par les « dispositions de la présente section et de la précédente doivent être observées à peine de « nullité. »

Clore et sceller
séparément chaque
testament.

Chaque testament doit être clos et scellé séparément (2).

Le cachet à appliquer sur la fermeture du testament est celui du testateur; s'il n'en a pas, on fera apposer sa signature sur cette fermeture, ou celle des témoins dans le cas où il ne saurait signer.

REMISE ET DÉPÔT A TERRE DES TESTAMENTS PAR ACTES PUBLICS.

Si le bâtiment ou
navire aborde en pays
étranger:

ARTICLE 991. « Si le bâtiment aborde dans un port étranger, dans lequel se trouve un « consul de France (*vice-consul ou agent diplomatique*), ceux qui auront reçu le testament « seront tenus de déposer l'un des originaux, clos ou cacheté, entre les mains de ce consul, « qui le fera parvenir au Ministre de la marine; et celui-ci en fera faire le dépôt au greffe « de la justice de paix du lieu du domicile du testateur. »

Dans une colonie
française:

Si le bâtiment ou navire aborde dans une colonie française, le dépôt de l'un des deux originaux, clos ou cacheté, devra être fait entre les mains du gouverneur, qui se conformera aux dispositions ci-dessus.

En France.

ARTICLE 992. « Au retour du bâtiment en France, soit dans le port de l'armement, soit « dans un port autre que celui de l'armement, les deux originaux du testament, également « clos et cachetés, ou l'original qui resterait si, conformément à l'article précédent, l'autre « avait été déposé pendant le cours du voyage, seront remis au bureau du commissaire de « l'inscription maritime (*ou des armements*); ce préposé les fera passer sans délai au Ministre « de la marine, qui en ordonnera le dépôt, ainsi qu'il est dit au même article. »

Envoi à faire au
Ministre.

Les originaux devront, dans ce dernier cas, être envoyés au Ministre à quelques jours de distance l'un de l'autre : les paquets qui les renfermeront seront chargés à la poste.

Mention de la re-
mise à faire sur le
rôle.

ARTICLE 993. « Il sera fait mention, sur le rôle du bâtiment, à la marge du nom du tes- « tateur (dans la colonne *Mutations*), de la remise qui aura été faite des originaux du testa- « ment, soit entre les mains d'un consul (*d'un vice-consul, d'un agent diplomatique ou d'un*

---

(1) ARTICLE 972 (livre III, titre II, chapitre V, section Ire du Code civil). « Si le testament est reçu par deux notaires, il « leur est dicté par le testateur, et il doit être écrit par l'un de ces notaires, tel qu'il a été dicté.

« S'il n'y a qu'un notaire, il doit également être dicté par le testateur, et écrit par ce notaire. (*A bord, c'est l'officier instru-* « *mentaire.*)

« Dans l'un et l'autre cas, il doit être donné lecture au testateur en présence des témoins.

« Il est fait du tout mention expresse. »

(2) Voyez les modèles de l'acte de suscription de l'enveloppe renfermant chaque testament, n° 14, page 95 (*pour les bâti- ments de l'État*), et n° 16, page 99 (*pour les navires du commerce*).

« *gouverneur des colonies françaises*), soit au bureau d'un commissaire de l'inscription maritime
« ou *des armements.* »

———————

ARTICLE 994. « Le testament ne sera point réputé fait en mer, quoiqu'il l'ait été dans le
« cours d'un voyage, si, au temps où il a été fait, le navire avait abordé une terre, soit
« étrangère, soit de la domination française, où il y aurait un officier public français; auquel
« cas il ne sera valable qu'autant qu'il aura été dressé suivant les formes prescrites en France,
« ou suivant celles usitées dans les pays où il aura été fait (1). »

Cas où le testament n'est pas réputé fait en mer.

ARTICLE 995. « Les dispositions ci-dessus seront communes aux testaments faits par les
« simples passagers qui ne feront point partie de l'équipage. »

Les mêmes dispositions applicables aux testaments des passagers.

ARTICLE 996. « Le testament fait sur mer, en la forme prescrite par l'article 988, ne
« sera valable qu'autant que le testateur mourra en mer, ou dans les trois mois après qu'il
« sera descendu à terre, et dans un lieu où il aura pu le refaire dans les formes ordinaires. »

Comment le testament fait sur mer peut être valable.

———————

CINQUIÈME PARTIE.

———

PAPIERS

CACHETÉS OU NON CACHETÉS TROUVÉS, À BORD, DANS LA MALLE OU DANS LE SAC D'UN INDIVIDU MORT, DÉSERTÉ, ETC.

Si, lors du décès d'un individu embarqué, ou après sa disparition du bord, par
suite d'un événement quelconque, de désertion, etc., un testament olographe, un
papier écrit présumé tel, ou des papiers cachetés, étaient trouvés dans sa malle ou
dans son sac, la personne chargée, à bord, de recevoir les testaments par actes publics, conjointement avec celle devant laquelle ils sont reçus, doit, en présence de
deux témoins, parents ou autres, constater l'existence de ces testaments ou papiers,
de la manière suivante :

Testament olographe, papiers, etc.

1° *Si le testament ou les papiers sont ouverts et non cachetés,* il en sera fait une
copie littérale par la personne chargée de recevoir les testaments; cette copie sera
certifiée conforme à l'original par cette personne, par celle qui l'aura assistée et par
les témoins.

Trouvés ouverts et non cachetés : copie à en faire.

Cette copie ne pourrait certainement pas remplacer le testament original, si celui-
ci venait à s'égarer après sa remise à terre; mais elle fournirait du moins au Ministre
ou aux administrateurs de la marine les moyens d'avertir les parties intéressées de
l'existence de ces testaments ou papiers, du lieu où ils ont été déposés, etc.

L'original et la copie seront, en présence des mêmes individus, incontinent clos
et scellés séparément.

Les clore et sceller séparément.

A bord des bâtiments de l'État, il sera fait usage pour les scellés du cachet réglementaire en service.

*Cachet et, à dé-
faut, signatures à ap-
poser sur la ferme-
ture de chaque pa-
quet.*

(1) Voyez l'article 47, note 1, page 6; l'article 48, page 5; les articles 999 et 1000, page 7.

A bord des navires du commerce, le cachet sera celui du capitaine (maître ou patron).

A défaut de cachet, l'officier instrumentaire, la personne qui l'aura assisté et les témoins apposeront leurs signatures sur la fermeture de chaque paquet.

Acte de suscription.

Dans l'acte de suscription (1), qui sera également signé par eux, on mentionnera les prénoms, nom, grade ou profession, numéro d'immatriculation ou folio, numéro et quartier d'inscription maritime, lieu de naissance et dernier domicile du décédé ou disparu, l'espèce et le nombre des papiers clos et scellés; on y indiquera, en outre, quand le cas le requerra, si ce sont les originaux ou les copies.

Les originaux remis les premiers.

Les originaux seront toujours remis les premiers, lors de l'atterrage des bâtiments ou des navires.

Trouvés clos et scellés : formalité à remplir.

2° *Si le testament ou les pièces sont trouvés clos et scellés,* les personnes ci-dessus désignées et les témoins se borneront à apposer leurs signatures sur la suscription (2), après y avoir indiqué :

1° La date de la reconnaissance de ces papiers;

2° Les prénoms et nom du décédé ou du disparu, son grade ou sa profession, le lieu de sa naissance et de son dernier domicile, son numéro d'immatriculation ou ses folio, numéro, et quartier d'inscription maritime;

3° Enfin, le nom de l'officier instrumentaire, lequel doit rester dépositaire du paquet.

Mention à en faire sur l'inventaire des effets.

Il sera fait mention de l'existence de ces testaments ou papiers dans le procès-verbal à dresser, en double expédition, à bord, de l'inventaire des hardes et effets appartenant aux décédés ou autres (3), en y rapportant textuellement l'acte de sus-

(1) Voyez les modèles n° 17, page 105 (*pour les bâtiments de l'État*), et n° 19, page 107 (*pour les navires du commerce*).

(2) Voyez les modèles n° 18, page 106 (*pour les bâtiments de l'État*), et n° 20, page 108 (*pour les navires du commerce*).

(3) Voyez pages 46 à 57, les modèles H, I, J, K, L, des inventaires des effets à dresser *à bord des bâtiments de l'État*, par l'officier d'administration, conformément à l'article 633 du décret du 20 mai 1868.

Voyez pages 58 à 62, les modèles M et N des inventaires à dresser *à bord des navires du commerce*, par les capitaines (maîtres ou patrons) qui, maintenant, sont également chargés des écritures du bord.

ORDONNANCE DU ROI du mois d'août 1681. ARTICLE 5 (livre II, titre III). «Lui donnons pouvoir de recevoir les testaments « de ceux qui décéderont sur le vaisseau pendant le cours du voyage, de faire l'inventaire des biens par eux délaissés dans le « navire »

ARTICLE 6 (même livre, titre IV). «A défaut d'écrivain, le pilote sera tenu, quand il en sera requis par le maître........, « et de faire l'inventaire des biens et effets de ceux qui décéderont sur les vaisseaux, qu'il fera signer par le maître et par deux « des principaux de l'équipage. »

Nota. Il n'est plus embarqué de pilotes à bord des navires du commerce, ainsi que l'entendait l'ordonnance de 1681.

Le capitaine, maître ou patron, est le pilote de son navire, sauf à l'entrée des ports et rivières, où la conduite des bâtiments doit être confiée à l'un des *lamaneurs* institués *ad hoc.*

En conséquence, les dispositions de l'article sont maintenant à exécuter par le capitaine (maître ou patron) du navire.

ARTICLE 4 (livre III, titre XI). «Incontinent après le décès de ceux qui mourront sur mer, l'écrivain fera l'inventaire des « effets par eux délaissés dans le vaisseau, en présence des parents, s'il y en a, sinon de deux témoins qui signeront, et à la « diligence du maître. »

ARTICLE 5. «Le maître demeurera chargé des effets du défunt...... »

Indépendamment des dispositions ci-dessus, il y a encore à exécuter celles ci-après du règlement du Roi, du 17 juillet 1816, sur l'établissement des invalides de la marine :

ARTICLE 21. «Au désarmement de chaque bâtiment de l'État, l'inventaire des effets et hardes appartenant aux marins, mili- « taires et passagers, morts pendant le cours de la campagne, est remis au bureau des armements du port où le bâtiment « désarme, et lesdits effets et hardes, après avoir été timbrés du nom de l'individu décédé, ainsi que du folio et numéro du « registre des inventaires, sont déposés au magasin général. »

cription, ainsi que la forme extérieure des paquets, celle du cachet, la matière qui aura été employée pour l'empreinte, les signatures, etc.

4° Aucune pièce reconnue et inventoriée, comme il vient d'être dit, ne pourra, sous quelque prétexte que ce soit, être remise, à bord, par la personne qui en sera dépositaire, à des individus embarqués, parents ou autres : ceux-ci auront à les réclamer à la première relâche des bâtiments ou navires, savoir : *Aucune pièce reconnue et inventoriée ne peut être remise à des intéressés; ils doivent les réclamer.*

Dans un des ports de France ou dans une colonie française, auprès du président du tribunal civil (1); *En France ou dans les colonies, auprès du tribunal civil;*

Dans un port étranger (résidence d'un agent français), auprès de l'agent diplomatique, du consul ou du vice-consul de France, qui prononcera et fera, s'il y a lieu, dresser acte de cette remise. *En pays étranger, auprès de l'agent français.*

5° *Si le bâtiment relâche dans une colonie française ou dans un pays étranger (résidence d'un agent diplomatique, consul ou vice-consul de France)*, il sera fait remise au gouverneur ou à l'agent français des originaux des testaments ou papiers trouvés à bord, quel que soit l'état dans lequel ils auront été trouvés. *Remises des originaux dans les colonies ou dans les pays étrangers.*

Au retour du bâtiment dans un port de France (d'armement ou autre), il sera fait remise au commissaire des armements ou de l'inscription maritime des copies des testaments ou papiers trouvés, à bord, non cachetés, ou de l'une des expéditions de l'inventaire, s'ils ont été trouvés cachetés. *Remise des copies au retour en France.*

6° *Si le bâtiment n'a pas relâché dans une colonie française ou dans un pays étranger (résidence d'un agent français)*, les originaux et les copies des testaments ou papiers, ou les originaux, s'il n'y a pas eu lieu d'en faire des copies, seront remis, dans le premier port de relâche de France, au commissaire des armements ou de l'inscription maritime. *Remise en France, le cas échéant, des originaux et des copies.*

7° Dans toutes les circonstances autres que celles prévues ci-dessus (4°), les personnes auxquelles ces testaments ou papiers auront été remis à terre devront les transmettre, de la manière indiquée pour les testaments (page 28), au Ministre de la marine, qui les fera parvenir au président du tribunal civil de l'arrondissement du domicile de l'individu décédé ou disparu, sauf à ce magistrat à en ordonner, s'il y a lieu, le dépôt chez un notaire du canton. *Leur transmission au Ministre de la marine.*

« Les effets et hardes provenant d'individus embarqués sur les navires du commerce sont déposés, avec l'inventaire, au « bureau de l'inscription maritime du port où le désarmement a lieu.»

Article 22. « Les espèces monnayées trouvées sur les décédés, et le produit de leurs effets et hardes qui auraient été vendus « dans le cours du voyage, pour cause de dépérissement ou pour autre motif, seront remis, lors du désarmement, au caissier « des gens de mer. »

(1) Article 919 (II⁰ partie, livre II, titre I⁰⁰) du Code de procédure civile. « Si les paquets cachetés paraissent, par leur « suscription, ou par quelque autre preuve écrite, appartenir à des tiers, le président du tribunal ordonnera que ces tiers seront « appelés dans un délai qu'il fixera, pour qu'ils puissent assister à l'ouverture : il la fera au jour indiqué, en leur présence ou « à leur défaut, et, si les paquets sont étrangers à la succession, il les leur remettra sans en faire connaître le contenu, ou les « cachettera de nouveau pour leur être remis à leur première réquisition. »

BATEAUX

DESTINÉS À LA PÊCHE { DU POISSON FRAIS,
{ DU SART *OU* GOËMON ;

OU CHALOUPES DES PILOTES.

Les dispositions qui précèdent ne sont point applicables :

1° Aux bateaux destinés à la pêche du poisson frais;

2° ———————————————— du sart *ou* goëmon ;

3° Aux chaloupes des pilotes.

En conséquence, on aura dans ce cas à se conformer aux mesures suivantes :

Les individus qui meurent à la mer : leurs cadavres sont rapportés à terre.

1° Si des individus meurent à la mer (naturellement ou par événement) pendant cette courte navigation, leurs cadavres seront rapportés à terre le plus promptement possible, pour que l'identité en soit constatée, et que l'acte de décès soit dressé par l'officier de l'état civil de la commune dont dépend le port d'armement ou de relâche (voyez page 4 de l'instruction, les articles 77 et 78 du Code civil);

Événements qui ont causé la mort, ou mort violente.

2° Les maîtres (ou patrons) auront, en outre, à appeler un officier de police lorsque les individus seront morts par suite d'événement, ou de mort violente (voyez page 4 de l'article 81 du Code civil);

En rendre compte au commissaire de la marine.

3° Les maîtres (ou patrons) restent toujours soumis à l'obligation de rendre compte de l'événement au commissaire ou préposé de l'inscription maritime du port où ils abordent;

Individu tombé à la mer : compte à rendre de l'événement.

4° Si un individu tombe à la mer et qu'il ne soit pas possible de le sauver, les maîtres (ou patrons) seront tenus, aussitôt après leur rentrée dans le premier port de France où ils abordent, de se présenter immédiatement, avec tous les hommes de leur équipage, au bureau du commissaire ou préposé de l'inscription maritime, où ils rendront compte de l'événement et de ses circonstances;

Les déclarations sont reçues à terre par l'officier d'administration de la marine.

5° Cet officier d'administration de la marine recevra alors les déclarations qui lui seront faites : il se conformera, à ce sujet, à ce que prescrit la présente instruction relativement à la disparition des individus embarqués (voyez page 17);

Copie à en adresser dans le quartier du marin disparu.

6° Copie de cette déclaration sera, lorsqu'il y aura lieu, envoyée à l'administrateur du quartier du marin disparu;

En cas de relâche en pays étranger.

7° Dans le cas où les bateaux ou chaloupes seraient contraints, par le mauvais temps, de se réfugier dans un port appartenant à une puissance étrangère, les maîtres (ou patrons) auront à s'adresser à l'agent diplomatique, consul ou vice-consul de France, qui dressera l'acte de décès ou le procès-verbal de disparition, et en donnera avis au commissaire du quartier où le bateau a été armé;

S'il n'y a pas d'agent français.

8° A défaut d'agent français, et lorsque les cadavres seront à bord, les maîtres (ou patrons) auront recours à l'autorité étrangère pour l'inhumation et la rédaction de l'acte de décès; et, à leur retour dans un port de France, ils feront leurs déclarations au commissaire ou préposé de l'inscription maritime, qui réclamera de cette autorité une expédition de l'acte de décès;

Disparition des individus pendant la navigation.

Si les individus ont disparu du bord pendant la navigation, les maîtres (ou patrons) se conformeront à ce qui est prescrit par le quatrième ou le septième paragraphe ci-dessus, aussitôt après leur arrivée dans un port de France, ou dans un port étranger résidence d'un agent français;

Cas où le cadavre doit être jeté à la mer; acte à dresser à bord.

9° Si, par suite de tempête ou de toute autre cause de force majeure, le bateau était forcé de tenir la mer au point qu'il fût impossible de conserver à bord le cadavre sans danger pour la santé de l'équipage, le maître (ou patron) dressera, à la suite du rôle d'équipage, en présence de tous les marins sous ses ordres, un acte de décès dans la forme déterminée par le modèle n° 9 (page 86), lequel acte sera signé par lui et par les gens de l'équipage sachant écrire et ayant au moins vingt et un ans; après quoi le cadavre sera jeté à la mer.

Dans un port français ou étranger où le bateau pourra aborder ensuite, le maître (ou patron) se présentera immédiatement, avec tout son équipage, au bureau du commissaire ou préposé de l'inscription maritime *ou* à la chancellerie de l'agent diplomatique, du consul ou du vice-consul de France, qui dressera procès-verbal des déclarations et se fera remettre deux expéditions de l'acte de décès dressé à bord : il se conformera, pour l'envoi de cet acte, aux dispositions de l'instruction (pages 12 et 13).

BÂTIMENTS DE L'ÉTAT
ET NAVIRES DU COMMERCE ARMÉS DANS LES COLONIES FRANÇAISES.

Les officiers instrumentaires de ces bâtiments ou navires sont les mêmes que ceux embarqués sur les bâtiments de l'État ou sur les navires du commerce armés dans les ports de la métropole : les dispositions de la présente instruction leur sont donc applicables toutes les fois que la compétence ne doit pas être suspendue par suite de la position desdits bâtiments et navires, soit dans les colonies françaises, soit dans les pays étrangers, résidences d'agents diplomatiques, de consuls ou de vice-consuls de Sa Majesté, soit enfin dans les ports de la métropole.

Cependant, comme la majeure partie des bâtiments ou navires armés dans les colonies françaises ne peuvent, sous le rapport de leur mission ou destination, être entièrement assimilés à ceux qui sont armés en France; en second lieu, comme les individus qui en composent les équipages ou qui sont admis à bord comme passagers peuvent être originaires, les uns des colonies où les armements ont été effectués ou d'autres colonies, et les autres de la métropole, il a été reconnu indispensable d'indiquer ici les mesures à prendre sous ce double rapport.

En conséquence, les officiers instrumentaires auront à se conformer à ce qui suit :

Les actes, procès-verbaux, etc. concernant l'état civil, dressés à bord dans le cas où les officiers instrumentaires seront compétents, seront remis par ces officiers, lors des relâches,

SAVOIR :

En triple expédition, si les individus que les actes concernent sont originaires des colonies où les relâches ont eu lieu;

En quadruple expédition, dans tous les autres cas.

La remise s'en fera ainsi qu'il est dit page 13.

Les administrateurs de la marine et les agents français auxquels cette remise sera faite collationneront les expéditions des actes sur les rôles d'équipage, certifieront leur exactitude, et légaliseront les signatures des officiers instrumentaires : l'une des expéditions restera toujours déposée entre leurs mains, pour y avoir recours au besoin.

Les autres expéditions seront envoyées, par des occasions différentes, par les soins des gouverneurs des colonies, des agents français, etc.,

SAVOIR :

1° *Lorsque les relâches auront lieu dans un des ports dépendant des colonies d'où sont originaires les individus que les actes concernent,*

aux gouverneurs de ces colonies;

5

2° *Lorsque les relâches auront lieu dans un port étranger ou dans une colonie française qui auraient des occasions plus sûres et plus promptes de communiquer avec les colonies d'où les individus sont originaires qu'avec la métropole,*

aux gouverneurs de ces colonies;

3° *Lorsque les relâches auront lieu dans tout autre endroit,*

au Ministre de la marine.

Toutes les fois qu'il y aura possibilité de le faire, les administrateurs de la marine et les agents français donneront, en outre, *avis* (1) du décès des personnes désignées dans les actes dont ils auront reçu les expéditions, aux gouverneurs des colonies françaises où les bâtiments ou navires auront été armés, si lesdits bâtiments ou navires n'effectuent pas immédiatement leur retour dans ces colonies, ou si les expéditions mêmes des actes ne doivent pas y être transmises.

Ces avis devront être inscrits sur le double des rôles d'équipage déposé au bureau des armements de ces colonies.

Aussitôt après la réception de la première expédition d'un acte de l'état civil dans une colonie, le gouverneur la renverra, après l'avoir visée, à l'officier de l'état civil du lieu de naissance ou du dernier domicile de la personne y désignée, afin que cet officier en fasse inscription sur ses registres.

Lorsque l'expédition parviendra au Ministre de la marine, il en sera fait des copies, qui, après avoir été visées par le Ministre, seront envoyées, par des occasions différentes, aux gouverneurs des colonies d'où les individus sont originaires.

Si ces individus sont originaires de la métropole, l'expédition même sera transmise à l'officier de l'état civil du lieu de leur naissance : elle sera revêtue des formalités indiquées page 13.

Au désarmement des bâtiments et navires dans les colonies, les administrateurs de la marine qui deviendront possesseurs des rôles d'équipage du bord feront, des actes de l'état civil concernant les individus non originaires de ces colonies, trois expéditions authentiques, qu'ils remettront, après les avoir certifiées, aux gouverneurs pour être adressées, par des occasions différentes, soit aux gouverneurs des autres colonies françaises (si les communications sont plus promptes qu'avec la France), soit au Ministre de la marine, suivant l'origine des individus dénommés dans lesdits actes.

DISPOSITIONS GÉNÉRALES.

La présente instruction sera mise immédiatement à exécution pour le service des bâtiments de l'État : tous les actes qui doivent être dressés sur les rôles d'équipage seront inscrits sur les feuilles destinées à cet usage, qui se trouvent à la suite de ces rôles.

Les officiers généraux, commandants en chef, et les capitaines des bâtiments veilleront à ce que les officiers instrumentaires se conforment exactement aux disposi-

---

(1) Voyez les modèles A, page 39 (*bâtiments de l'État*), et F, page 44 (*navires du commerce*).

tions que renferme cette instruction et aux formules qui la suivent; il est également recommandé aux capitaines de remplir, avec la plus scrupuleuse attention, les obligations qui leur sont formellement imposées par le Code civil, relativement à la réception des testaments par actes publics pendant les voyages de mer, et de ne se faire remplacer, dans ces importantes fonctions, par les officiers sous leurs ordres, que lorsque des événements de force majeure ou des causes légitimes d'empêchement ne leur permettront pas de les exercer eux-mêmes.

Et, afin que personne ne puisse prétendre cause d'ignorance des devoirs de tout officier instrumentaire, deux exemplaires de la présente instruction seront délivrés, à charge d'inventaire, à chacun des bâtiments de l'État; l'un restera entre les mains du capitaine, et l'autre sera remis à l'officier du commissariat de la marine embarqué, en même temps que les feuilles destinées à la transcription des expéditions des actes que ce commis aura à remettre à terre, lors des relâches.

Toutes les fois que les bâtiments de l'État pourront, sans inconvénient pour le service, communiquer avec les navires du commerce français, les officiers du commissariat de la marine embarqués, ou ceux qui en rempliront les fonctions, devront se transporter à bord de ces navires et s'y faire représenter les rôles d'équipage à la suite desquels des actes de l'état civil auraient pu être dressés, afin de s'assurer que les officiers instrumentaires de ces navires n'ont omis, dans la rédaction desdits actes aucune des formalités voulues; ils devront même les aider de leurs conseils si des actes de cette espèce devaient être dressés pendant la réunion des bâtiments de guerre et des navires du commerce.

La présente instruction ne recevra son exécution à bord des navires du commerce qu'à compter du 1er janvier mil huit cent vingt-neuf.

Chaque capitaine (maître ou patron) devra être pourvu d'un extrait imprimé de cette instruction, lequel comprendra les dispositions et les modèles qui peuvent les concerner.

Au moment de l'armement des navires du commerce, les commissaires de l'inscription maritime donneront aux capitaines (maîtres ou patrons) tous les renseignements qu'ils jugeront nécessaires pour leur faciliter la rédaction des actes qu'ils pourront être appelés à rédiger pendant les voyages de mer.

Ils devront examiner avec beaucoup d'attention les actes dont les expéditions leur seront remises lors des relâches, et rendre compte au Ministre des erreurs qui pourraient s'être glissées dans leur rédaction.

Le Ministre recommande à tous les officiers instrumentaires embarqués sur les bâtiments de l'État et sur les navires du commerce d'apporter d'autant plus de soin dans la rédaction des actes de l'état civil, que les rectifications dont ces actes seraient reconnus susceptibles ne pourraient avoir lieu qu'en vertu d'un jugement, le Code civil renfermant à cet égard les dispositions suivantes :

ARTICLE 99 (livre 1er, titre II, chapitre VI) : «Lorsque la rectification d'un acte de «l'état civil sera demandée, il y sera statué, sauf l'appel, par le tribunal compétent, et «sur les conclusions du procureur du gouvernement. Les parties intéressées seront ap-«pelées, s'il y a lieu.»

ARTICLE 100. «Le jugement de rectification ne pourra, dans aucun temps, être «opposé aux parties intéressées qui ne l'auraient point requis, ou qui n'y auraient pas été «appelées.»

5.

ARTICLE 101. « Les jugements de rectification seront inscrits sur les registres par l'offi-
. « cier de l'état civil aussitôt qu'ils lui auront été remis, et mention sera faite en marge de
« l'acte réformé. »

MODÈLES.

PREMIÈRE SECTION.

PROCÈS-VERBAUX

A dresser à bord des bâtiments de l'État (modèles A, B, C, D, E, H, J, K, L);
———————— *des navires de commerce* (modèles F, G, M, N);

Et qui ont rapport aux actes de l'état civil et aux testaments.

[A]

AVIS

*De la naissance d'un enfant ou de la mort d'une personne embar-
quée; à donner, soit à l'officier de l'état civil de la commune dont
dépend le port ou la rade, soit au président semainier de l'administration sanitaire, toutes les fois qu'il y a possibilité de communiquer avec la terre.*

L   *l*   commandé
par M.   (*son grade*).

L'officier d'administration d

(1) *Si le capitaine du bâtiment est
également chargé de la comptabilité,
substituer à ce titre celui-ci :*
mouillé (*ou amarré*) dans le port (*ou* rade) de (1)
a l'honneur de prévenir Monsieur (2)

Le capitaine dudit bâtiment,
mouillé (ou amarré) dans le port
(ou rade) d
chargé également de la comptabilité du bord.

Ou, *en cas d'empêchement ou de
mort de l'officier d'administration,
porter :*

Le (*grade*) remplissant, d'a-
près les ordres du capitaine, et
ce, par suite de la mort ou (cause
de l'empêchement) du titulaire,
les fonctions d'officier d'administration embarqué sur ledit
bâtiment, mouillé (*ou amarré*)
dans le port (ou la rade) d
que

(2) L'officier de l'état civil de la
commune d (*c'est la commune dont
dépend le port, la rade où est mouillé
[ou amarré] le bâtiment*).

*Ou le président semainier de l'ad-
ministration sanitaire, remplissant
aussi les fonctions d'officier de l'état
civil.*

Dame (*ou* demoiselle) (3)
est accouchée à bord, le (4)   du courant, à (4)   heure
du (5)   , d'un enfant du sexe (masculin *ou* féminin),   1° S'il s'agit
et qu'il a été donné connaissance aux parties intéressées des   d'une naissance.
obligations qui leur sont imposées par le Code civil, pour faire
constater légalement la naissance de cet enfant.

(3) *Prénoms et nom.*

(4) *En toutes lettres.*

(5) *Matin ou du soir.*

(6) *Prénoms.*

(7) Marié   à (3)
Ou veuf d (3)
Ou célibataire.
M (3)
fil   d (6)   et d (3)
(7)

(8) *A défaut de la date de naissance,
indiquer l'âge.*
né   à   arrondissement d
département d   le (8)
domicilié   , avant son embarquement, a (9)   2° S'il s'agit
arrondissement d   département d   d'un décès.

(9) *Si l'individu décédé était né à
Paris, à Lyon ou dans une des grandes
villes de France où il existe plusieurs
arrondissements municipaux, rappeler,
autant que possible, le quartier ou la
rue qu'il habitait.*
(10)

(10) *Grade, profession à bord, numéro d'immatriculation ou f°
n°   et quartier d'inscription maritime.*
est décédé   , à bord, le (4)   du courant, à (4)   heure
du (5).

Ou passager à bord.
A bord, le (4)   du mois d   de l'an mil huit cent   (4)

BÂTIMENTS
DE L'ÉTAT.

[B]

PROCÈS-VERBAL

A dresser, après un combat, par le médecin-major.

L   l   commandé
par M.   *(son grade).*

(1) *En toutes lettres.*
CEJOURD'HUI le (1)   du mois d   de l'an mil huit cent   (1)

(2) *Matin ou du soir.*
à (1) heure   du (2)

(3) *Endroit, parage ou hauteur où se trouve le bâtiment.*
étant à (3)

(4) *Prénoms et nom.*
Nous (4)   médecin de   classe,
médecin-major dudit bâtiment,

Après la cessation du combat que vient de soutenir ce bâtiment contre

(5) *Indiquer, s'il est possible, le nom du bâtiment ennemi et la nation à laquelle il appartient; ou, au moins, le pavillon de la nation sous lequel ce bâtiment a combattu.*
(5)

avons, en présence de M. (6),   officier en second, et de M. (6),

(6) *Nom.*
officier d'administration, constaté de la manière suivante la mort de (8)

(7) *Grade au service, numéro d'immatriculation ou quartier, f° n°*
individus tués pendant le combat, et les blessures dont (8)

(8) *Nombre : en toutes lettres.*
autres ont été atteints :

1° TUÉS PENDANT L'ACTION.

(9) *Fonctions ou emploi à bord, etc.* (4)   (7)   (9)

(10) *Genre de blessures qui ont causé la mort.* (10)

Nota. *S'il y avait quelques circonstances particulières, telles qu'actions d'éclat, les citer, en indiquant les prénoms et noms, grades ou professions des témoins.*
2° MORTS AU POSTE.

(4)   (7)   (9)

(11) *Q . . . . . et nature des blessures. (Se conformer, s'il y a lieu, au nota ci-dessus.)* (11)

3° BLESSÉS.

(4)   (7)   (9)

(12) *Noms de l'officier en second et de l'officier d'administration.*
(11)

(13) *Et s'il y a eu des témoins d'entendus, ajouter : et par MM. (6) dont nous avons consigné ci-dessus les déclarations.*
En foi de quoi nous avons dressé le présent procès-verbal qui, après

Si les témoins ne savaient ou ne pouvaient pas signer, porter : MM. (6), témoins dont nous avons consigné ci-dessus les déclarations, ont dit ne savoir signer ou ne pouvoir signer attendu (cause de l'empêchement); ou par MM. (6), dont nous avons consigné ci-dessus les déclarations; MM. (6), également témoins, ont dit ne savoir ou ne pouvoir signer, etc.
lecture, a été signé par nous, et par MM. (12), (13).

Fait à bord, les jour, mois et an que dessus.

NOTA. Ce procès-verbal devra, immédiatement, être présenté au capitaine du bâtiment, et soumis à son *visa*. Il sera ensuite remis à l'officier d'administration.

BÂTIMENTS
DE L'ÉTAT.

[C]

DÉCLARATION

*A faire par écrit, par le Médecin-Major, pour constater le décès,
à bord, d'un individu, par suite de mort naturelle ou de blessures.*

NOTA. Cette déclaration est à faire aussi bien à la mer que dans les ports et
rades de France. des colonies françaises et des pays étrangers.

L   *l*   , commandé

par M.   (*son grade*).

(voyez le modèle B, page 40); ou
(voyez le modèle D, page 42, ou le
modèle E, page 43).

(1) *En toutes lettres.*

(2) *Endroit, parage ou hauteur où
se trouve le bâtiment. S'il est mouillé
(ou amarré), indiquer le nom du port,
de la rade, etc.*

(3) *Prénoms et noms.*

(4) *Grade au service.*

(5) *Fonction ou emploi à bord, etc.
immatriculé à la division de
n°   ou inscrit au quartier de
f°   n°   .*

(6) *Attaqué depuis le   (date)
(genre de maladie), ou blessé le
(date) (genre de blessures, événements
ou circonstances qui les ont occasion-
nées); ainsi que le constate (si c'est
après un combat) notre procès-verbal
en date du
(voyez le modèle B, page 40); ou
(si c'est dans toute autre circonstance),
le procès-verbal dressé avec nous par
l'officier de quart le
(voyez le modèle D, page 42, ou le
modèle E, page 43).*

(7) *Lieu du décès: Poste, chambre, etc.*

(8) *Matin ou soir.*

CEJOURD'HUI le (1) du mois d   de l'an mil huit cent (1)
, étant à (2),

Nous (3) médecin de   classe, médecin-major dudit
bâtiment,

Déclarons que (3)   (4)

(5)   (6)

est décédé, à bord (7),   des suites d   dit   , le (1)
du mois d   de l'an mil huit cent (1),   à (1)   heure   du (8).

En foi de quoi nous avons fait et signé la présente déclaration, pour servir
et valoir ce que de raison.

Fait à bord, les jour, mois et an que dessus.

NOTA. Cette déclaration sera immédiatement communiquée à l'officier en second,
qui la signera, et la soumettra au visa du capitaine du bâtiment; elle sera ensuite
remise à l'officier d'administration.

6

[D]

PROCÈS-VERBAL

A dresser par l'Officier principal de quart, pour constater le décès, à bord, d'un individu, par suite d'un événement quelconque ou de mort subite.

NOTA. Ce procès-verbal est à dresser aussi bien à la mer que dans les ports et rades de France, des colonies françaises et des pays étrangers.

L   *l*   , commandé

par M.   (*son grade*).

(1) *En toutes lettres.*
(2) *Matin ou du soir.*
(3) *Endroit, parage ou hauteur où se trouve le bâtiment. S'il est mouillé (ou amarré), indiquer le nom du port, de la rade, etc.*
(4) *Prénoms et nom.*
(5) *Grade au service.*
(6) *Prénoms et noms, grades ou professions des personnes (ou de la personne) qui ont donné l'avis du décès.*
(7) *Fonction ou emploi à bord, etc. immatriculé à la division de*
n°   ou inscrit au quartier de
l°   n°   .

(8) *Nom.*
(9) *Lieu du décès : Poste, chambre, etc.*

CEJOURD'HUI le (1) du mois d   de l'an mil huit cent   (1),

à (1)   heure   du (2)   , étant a (3)

Nous (4)   (5)   officier principal de quart à bord dudit bâtiment,

Averti par (6)

que (4)   (5)   (7)

, venait de mourir,

Nous sommes transporté, accompagné d   susnommé   et de

M. (8)   .   , médecin-major (9)   , où nous avons

trouvé un cadavre que nous avons tous bien reconnu pour être celui

de (8)

Les témoins nous ont, alors, fait les déclarations suivantes :

(10) *Transcrire littéralement sa déclaration sur la nature de l'événement qui a pu causer la mort de l'individu.*

Premier témoin : (8)   (10)

Second témoin : (8)   (10)

(11) *Transcrire littéralement sa déclaration sur l'état du cadavre et les causes apparentes de la mort.*

Examen fait du cadavre, le médecin-major a dit : *Nous déclarons, sur notre honneur et en notre âme et conscience, que* (11)

En foi de quoi nous avons dressé le présent procès-verbal, qui, après lecture, a été signé par nous, par le médecin-major et par (12).

(12) MM. (8) dont nous avons consigné ci-dessus les déclarations.
Si les témoins ne savaient ou ne pouvaient pas signer, porter : MM. (8)   *témoins dont nous avons consigné ci-dessus les déclarations, ont dit ne savoir signer ou ne pouvoir signer, attendu (cause de l'empêchement)* ;
Ou MM. (8) témoins dont nous avons consigné ci-dessus les déclarations ; MM. (8)   *également témoins, ont dit ne savoir ou ne pouvoir signer, etc.*

Fait à bord, les jour, mois et an que dessus.

NOTA. Ce procès-verbal sera immédiatement communiqué à l'officier en second, qui le signera, et le soumettra au visa du capitaine du bâtiment ; il sera ensuite remis à l'officier d'administration.

BATIMENTS
DE L'ÉTAT.

[E]

PROCÈS-VERBAL

A dresser par l'Officier principal de quart, pour constater le décès, à bord, d'un individu, lorsqu'il y aura des signes ou indices de mort violente.

NOTA. Ce procès-verbal sera à dresser, par cet officier, à la mer et dans les pays étrangers où il n'existe pas d'agent français.

Dans les ports et rades de France, des colonies françaises et des pays étrangers où il existe des agents français, se conformer aux dispositions de l'article 81 du Code civil. (Voyez page 4 de l'Instruction.)

L   *l*   , commandé
par M.   *(son grade).*

(1) *En toutes lettres.*
(2) *Matin ou soir.*
(3) *Endroit, parage ou hauteur où se trouve le bâtiment. S'il est mouillé, indiquer le nom du port, de la rade, etc.*
(4) *Prénoms et nom.*
(5) *Grade au service.*
(6) *Prénoms et noms, grades ou professions des personnes (ou de la personne) qui ont donné l'avis du décès.*
(7) *Fonction ou emploi à bord, etc. immatriculé à la division de*
n° *ou inscrit au quartier de*
f° n°

(8) *Lieu du décès : Poste, chambre, etc.*
(9) *Nom.*
(10) *Transcrire littéralement sa déclaration sur la nature de l'événement qui a pu causer la mort de l'individu.*
Si le ou les témoins inculpent quelques-uns des individus embarqués, indiquer exactement les prénoms de ceux-ci, leurs grades et fonctions à bord, et leurs numéros d'inscription ou d'immatriculation.

(11) *Transcrire littéralement sa déclaration sur l'état du cadavre et les causes apparentes de la mort.*
(12) *Si les témoins ne savaient ou ne pouvaient pas signer, substituer à cette formule celle suivante:*
MM. (9), *témoins dont nous avons consigné ci-dessus les déclarations, ont dit ne savoir signer ou ne pouvoir signer, attendu (cause de l'empêchement) ;*
Ou MM. (9), *témoins dont nous avons consigné ci-dessus les déclarations; MM.(9), également témoins, ont dit ne savoir ou ne pouvoir signer, etc.*
(13) *En double expédition dans les cas ordinaires,*
On en triple expédition, s'il y a des poursuites à exercer contre quelqu'un du bord. (Voyez page 12.)

CEJOURD'HUI le (1) du mois d de l'an mil huit cent (1),. à (1) heure du (2), étant à (3),
Nous (4) (5) officier principal de quart à bord dudit bâtiment,

Averti par (6)

que (4)   (5)   (7)
      , venait de mourir,
Nous nous sommes transporté , accompagné d susnommé , de M.   (4)   officier d'administration,
de M. (4), médecin-major,
(8) où nous avons trouvé un cadavre que nous avons tous bien reconnu pour être celui d   (9)
Les témoins nous ont, alors, fait les déclarations suivantes :

Premier témoin : (9)   (10)
Second témoin : (9)   (10)

Examen fait du cadavre, le médecin-major a dit : *Nous déclarons, sur notre honneur et en notre âme et conscience, que* (11)

En foi de quoi nous avons dressé le présent procès-verbal, qui, après lecture, a été signé par nous, par l'officier d'administration, par le médecin-major, et par MM. (9)   , témoins, dont nous avons consigné ci-dessus les déclarations (12).

Fait à bord, en (13)   , les jour, mois et an que dessus.

NOTA. Les expéditions de ce procès-verbal seront immédiatement remises à l'officier en second, qui les signera et les présentera au *visa* du capitaine : l'une des expéditions sera remise à l'officier d'administration ; l'autre ou les deux autres resteront entre les mains du capitaine, pour servir et valoir ce que de raison.

[F]

AVIS

De la naissance d'un enfant ou de la mort d'une personne embarquée, à donner, soit à l'officier de l'état civil de la commune dont dépend le port ou la rade, soit au président semainier de l'administration sanitaire, toutes les fois qu'il y a possibilité de communiquer avec la terre.

L   du commerce *l*   du port de

tonneaux, appartenant à MM.   , et armé

a   (*port d'armement*)

(1) *Ou maître ou patron.*
En cas d'empêchement ou de mort, porter :
Le (grade), remplissant à bord les fonctions de capitaine (maître ou patron) par suite de la mort ou (cause de l'empêchement) du titulaire.
(2) *L'officier de l'état civil de la commune d..... (c'est la commune dont dépend le port ou la rade où est mouillé (ou amarré) le navire (ou le bateau*
Ou le président semainier de l'administration sanitaire remplissant aussi les fonctions d'officier de l'état civil.

(3) *Prénoms et nom.*
(4) *En toutes lettres.*
(5) *Matin ou du soir.*

LE capitaine (1)   dudit navire (*ou bateau mouillé ou amarré*) dans le port (*ou dans la rade*) d

a l'honneur de prévenir Monsieur (2)

que

Dame (ou demoiselle) (3)
est accouchée à bord le (4)   du courant, à (4)   heure
du (5)   d'un enfant du sexe (masculin *ou* féminin),
et qu'il a été donné connaissance aux parties intéressées des
obligations qui leur sont imposées par le Code civil, pour
faire constater légalement la naissance de cet enfant.

1° S'il s'agit d'une naissance.

(6) *Prénoms*
(7) *Marié à (3)*
Ou veuf d (3)
Ou célibataire.
(8) *A défaut de la date de la naissance, indiquer l'âge.*
(9) *Si l'individu décédé était né à Paris ou dans une des grandes villes de France où il existe plusieurs arrondissements municipaux, rappeler autant que possible, le quartier ou la rue qu'il habitait.*
(10) *Grade, profession à bord,*
Ou passager à bord.

M (3)
fil   d (6)   et d (7)
(7)
né a   arrondissement d
département d   le (8)
domicilié, avant son embarquement, a (9)
arrondissement d   département d

(10)
est décédé , à bord (4),   du courant, à (1)   heure
du (5)

2° S'il s'agit d'un décès.

A bord, le (4)   du mois d   de l'an mil huit cent   (4).

PROCÈS-VERBAL

*A dresser par le capitaine (maître ou patron), pour constater le décès,
à bord, d'un individu, lorsqu'il y aura des signes ou des indices de
mort violente.*

> NOTA. Ce procès-verbal sera à dresser, par ce capitaine (maître ou patron), à la
> mer et dans les pays étrangers où il n'existe pas d'agents français.
>
> Dans les ports et rades de France, des colonies françaises et des pays étrangers
> où il existe des agents français, le capitaine (maître ou patron) aura à se conformer
> aux dispositions de l'article 81 du Code civil. (*Voyez page 4 de l'Instruction.*)

L   du commerce *l*   du port
de   tonneaux, appartenant à MM.   et armé
a (*port d'armement*)

CEJOURD'HUI le (1)   du mois d   de l'an mil huit cent   (1),
à (1)   heure du (2)   , étant (3)
Nous (4)   (5)
capitaine (maître *ou* patron) (6)
Averti par M. (7)
que (4 et 5)   (8)   , inscrit sur le rôle d'équipage,
venait de mourir,
Nous sommes transporté, accompagné d   susnommé   ; de M. (4),
(5)   (9)
et de M. (4)   (5)   (10)
(11) où nous avons trouvé un cadavre que nous avons tous bien reconnu
pour être celui de (12)
Les témoins nous ont, alors, fait les déclarations suivantes :
Premier témoin : (12)   (13)
Second témoin : (12)   (13)
Examen fait du cadavre, le chirurgien a dit :
Nous déclarons, sur notre honneur et en notre âme et ⎫ S'il y a un chirurgien
conscience, que (14)   ⎬ à bord.
A défaut de chirurgien, nous avons examiné le   ⎫
cadavre avec la plus scrupuleuse attention, et nous   ⎬ S'il n'y a pas de chirurgien
déclarons, sur notre honneur et en notre âme et   ⎪ à bord.
conscience, que (13)   ⎭
En foi de quoi nous avons dressé le présent procès-verbal, qui, après
lecture, a été signé par nous, par *l*   (9), *l*   (10),   et par MM. (12)
témoins, dont nous avons consigné ci-dessus les déclarations (15).
L'une des expéditions dudit procès-verbal sera annexée au rôle d'équipage, et la seconde sera transmise (*ou les deux dernières seront transmises*),
par nos soins, à qui de droit.

Fait à bord, en (16)   , les jour, mois et an que dessus.

> NOTA. Ce procès-verbal sera transcrit, à sa date, par le capitaine (maître
> ou patron), sur le rôle d'équipage, à la suite des actes de l'état civil. (*Voyez
> page 12.*)

Marginal notes (left column):

(1) *En toutes lettres.*
(2) *Matin ou du soir.*
(3) *Endroit, parage ou hauteur où se trouve le navire (ou le bateau). S'il est mouillé (ou amarré), indiquer le nom du port, de la rade, etc.*
(4) *Prénoms et nom.*
(5) *Grade au service.*
(6) *Ou (4, 5) embarqué sur l , et appelé, dans l'ordre du service, à remplacer le capitaine (le maître ou le patron), celui-ci étant mort, ou attendu que celui-ci (cause de l'empêchement).*
(7) *Prénoms ou noms, grades ou professions des personnes (ou de la personne) qui ont donné avis du décès.*
(8) *Fonctions ou emploi à bord, quartier, folio et numéro d'inscription.*
(9) *Officier de quart ou remplissant les fonctions d'officier de quart, etc.*
(10) Chirurgien.
NOTA. *S'il n'y a pas de chirurgien, porter :* et de M. (4, 5, 8), à défaut de chirurgien à bord.
(11) *Lieu du décès : Poste, chambre, etc.*
(12) *Nom.*
(13) *Transcrire littéralement sa déclaration sur la nature de l'événement qui a pu causer la mort. Si le ou les témoins inculpent des individus embarqués, indiquer exactement les prénoms et noms de ceux-ci, leurs grades et fonctions à bord.*
(14) *Transcrire littéralement sa déclaration sur l'état du cadavre et les causes apparentes de la mort.*

(15) *Si les témoins ne savaient ou ne pouvaient pas signer, substituer à cette formule celle suivante :*
MM. (12)   témoins, dont nous avons consigné ci-dessus les déclarations, ont dit ne savoir signer ou ne pouvoir signer, attendu (*cause de l'empêchement*);
Ou MM. (12)   témoins dont nous avons consigné ci-dessus les déclarations; MM. (12)   également témoins, ont dit ne savoir signer ou ne pouvoir signer, etc.
(16) *En double expédition dans les cas ordinaires;*
Ou en triple expédition *s'il y a des poursuites à exercer contre quelqu'un du bord.* (*Voyez page 12.*)

BATIMENTS
DE L'ÉTAT.

PROCÈS-VERBAL

D'inventaire des effets, valeurs, papiers, etc. trouvés dans les malles,
meubles, chambres ou postes des officiers généraux, supérieurs ou
autres, faisant partie de l'état-major,
Des officiers de troupes passagères,
Et des passagers admis à la table des officiers généraux, du capitaine,
des officiers de l'état-major et des aspirants,
Décédés à bord, disparus, etc.
A dresser, par l'officier d'administration du bâtiment, conformément à
l'article 633 du décret du 20 mai 1868, sur le service à la mer.

L   *l*   commandé

par M.   (*son grade*).

CEJOURD'HUI le (1) du mois d   de l'an mil huit cent (1),

à (1)   heure du (2),   étant à (3),

Nous (4)

officier d'administration du bâtiment susdésigné (5),

(1) *En toutes lettres.*
(2) *Matin ou du soir.*
(3) *Endroit, parage ou hauteur où se trouve le bâtiment. S'il est mouillé (ou amarré), indiquer le nom du port, de la rade, etc.*
(4) *Prénoms et nom.*
(5) *Si le capitaine du bâtiment est également chargé de la comptabilité, substituer à ce titre celui-ci :*
    (*Grade au service*) capitaine dudit bâtiment, chargé également de la comptabilité du bord ;
Ou, *en cas d'empêchement ou de mort de l'officier d'administration*, porter :
    (*Grade au service*) remplissant, aux termes de l'art. 607 du décret du 20 mai 1868, et d'après les ordres du capitaine, les fonctions d'officier d'administration, et ce, par suite de la mort du titulaire ;
    Ou chargé, d'après les ordres du capitaine, de remplacer momentanément l'officier d'administration, lequel se trouve (*cause de l'empêchement*).

averti par (4)

que M. (4)

, médecin-major du bâtiment,

(6) *Grade au service.*

(6)

(7) *Profession, emploi à bord, etc. Si c'est un officier ou sous-officier de troupes, indiquer le nom du régiment et le numéro du bataillon et de la compagnie.*
    Si c'est un officier passager appartenant à un des corps de la marine, indiquer de quel bâtiment ou de quel port il provient.

(7)

inscrit sur le rôle d'équipage sous le n°

(9) *Ou passager à bord.*
(10) *Venait de mourir;*
Ou avait disparu du bord (cause de la disparition).

(11) *Officier en second;*
Ou remplissant les fonctions d'officier en second par suite de la mort du titulaire;
Ou chargé de remplacer momentanément l'officier en second, attendu (cause de l'empêchement).
Si la personne décédée ou disparue a un ou plusieurs parents à bord, ajouter:
Et de M. (4, 7, 8) parent d (nom du décédé ou du disparu).
Si c'est un officier passager appartenant à l'un des corps de la marine ou un officier de troupes, appeler, s'il y a lieu, l'officier supérieur de son corps, et, alors, porter:
Et de M. (4, 7).
(12) *Nom de l'officier en second ou de celui qui le remplace.*
(13) *La malle ou les malles, caisses, etc.*
(14) *Nom de la personne décédée, disparue, etc.*

(9)

(10)

nous sommes immédiatement transporté, avec M. (4)

(7)   (11)

sur le gaillard d'arrière, où, d'apres les ordres de M. (12)
le capitaine d'armes avait fait transporter (13)
qui appartenai   audit (14)
Et, ayant fait ouvrir, en présence des officiers et de l'équipage (*et, s'il y a lieu,* des passagers) réunis sur ce gaillard et désignés pour servir de témoins, l (13)   au nombre d (1)
, nous y avons trouvé ce qui suit,

SAVOIR :

(15) *Écrire les nombres en toutes lettres; bien désigner chaque effet ou objet, et l'état dans lequel il se trouve.*
S'il y a de l'argent, des bijoux, des effets de commerce, etc., détailler exactement l'espèce des monnaies, la nature des valeurs, la forme des bijoux (en indiquant s'ils sont en or ou en argent), les dates, numéros, montant et signatures des effets de commerce, etc.
(16) *Dans les (nombre) (13) qui les contenaient,*
Ou dans   (13)
     que nous nous sommes procurés à bord, ces effets, hardes, etc. ayant été trouvés en partie dans les meubles (ou équipets) de la chambre, etc.
(17) *Sur sa fermeture,*
Ou sur la fermeture de chacun d (13),
Ou par-dessus les deux extrémités du cordage placé en croix qui sert à l fermer.
(18) *Qualité et couleur de la toile.*
(19) *Verte ou rouge.*
(20) *Nom de la commune.*
(21) *Qu'il habitait avant son embarquement;*
Ou de sa naissance, celui qu'il habitait avant son embarquement étant inconnu.
(22) *S'il existait dans les chambres ou postes des objets appartenant aux individus décédés ou disparus, qui ne fussent pas susceptibles d'être mis dans les malles, sacs, etc. les détailler ici, et indiquer le lieu où ils doivent être entreposés.*
(23) *À l'argent, aux bijoux, etc.*

(24) *Si des effets hors de tout service n'avaient pas pu être renfermés dans les malles, sacs, etc. porter:*
Ayant reconnu que les effets suivants: (en bien désigner l'espèce et le nombre) étaient hors de tout service et de nulle valeur; considérant, en outre, qu'il serait nuisible à la conservation des autres effets qu'ils fussent réunis à ceux-ci, nous en avons ordonné le jet à la mer, ce qui a eu lieu immédiatement.

(15)

Nous avons fait, ensuite, renfermer les hardes et effets dans (16)
et nous avons appliqué (17)

une bande de toile (18)
retenue avec de la cire   (19)   , et aux quatre coins de laquelle bande nous avons apposé, sur de la cire de la même couleur, le cachet réglementaire en service, et nous avons écrit sur cette bande

1° Les nom, prénoms, grade (*ou profession*) dudit (14)

2° Le nom d (20)   situé   dans l'arrondissement d   , département d   qui est le lieu (21)

Ces formalités remplies, nous avons fait porter le   dit   (13)
          dans la soute à ce destinée, où il   été déposé   en notre présence, et où il   rester   jusqu'au retour du bâtiment, à moins qu'il n'en soit autrement ordonné par le capitaine.

(22)

Quant à (23)
nous l   avons remis au capitaine, qui, en notre présence, l
renfermé   dans la caisse du conseil, et mention de ce dépôt a été faite aussitôt sur le registre à ce destiné.

(24)

NOTA. *Si l'inventaire est dressé dans un port de France, les effets seront immédiatement transportés à terre; dans ce cas, on substituera aux deux paragraphes ci-dessus celui-ci:*
Ces formalités remplies, nous avons laissé l   dit   (13)   à la disposition de M.   , officier d'administration de la marine, qui doit en faire immédiatement la remise à terre.

Et, s'il y a lieu, on ajoutera :

Indépendamment des objets décrits de l'autre part (*ou* ci-dessus), nous avons trouvé dans (2 5)   un (2 6)

(25) *Indication du meuble, de l'armoire, de la caisse, du sac, etc.*
(26) Testament olographe et non cacheté;
Ou papier ou des papiers clos et scellés, qui nous ont paru pouvoir renfermer, ou qui renferment un testament olographe.

Nous avons, aussitôt, fait prévenir M.   (4)   (7)
(27)

qui, après avoir fait une copie littérale dudit testament olographe, et rempli, à cet égard, les formalités voulues par l'instruction du Ministre de la marine, en date du 2 juillet 1828, nous a requis de consigner ici :

(27) Capitaine du bâtiment; ou remplissant les fonctions de capitaine du bâtiment, par suite du décès ou (*cause de l'empêchement*) de M. capitaine titulaire.

1° Que le susdit testament et la susdite copie font mention   (28)

2° Que l'une et l'autre pièces ont été closes et scellées séparément   (29)

3° Que l'acte de suscription de chacune d'elles est ainsi conçu :   (30)

1° Si le testament est ouvert et non cacheté.

(28) *Relater exactement les noms des principaux légataires (les plus proches parents), et le lieu de leur domicile.*
(29) *Dire si chaque pièce est dans un papier servant d'enveloppe, ou si le papier même sert d'enveloppe; dans l'un et l'autre cas, décrire la forme du cachet apposé sur la fermeture, la couleur de la matière et l'empreinte.*
A défaut de cire, relater les noms des personnes qui ont apposé leurs signatures sur la fermeture de chaque paquet.
(30) *Transcrire exactement l'acte de suscription, relater les signatures, etc.*

qui, après avoir rempli les formalités voulues par l'instruction du Ministre de la marine, en date du 2 juillet 1828, nous a requis de consigner ici que ce   (26)   été trouvé clos et scellé   (29)   , et qu'il porte pour suscription ce qui suit :

2° Si les papiers sont trouvés clos et cachetés.

Ce   (26)   été laissé, dans l'état susdécrit, à M.   (31)
qui, sous sa responsabilité personnelle, en demeure chargé jusqu'à ce qu'il puisse en faire-la remise à qui de droit.

(31) *C'est le nom du capitaine, ou de celui qui le remplace.*

Et tout ce que dessus contenant vérité, nous avons dressé le présent procès-verbal, pour servir et valoir ce que de raison; et ont signé, avec nous, après lecture :   (32)

Fait à bord, en double expédition, les jour, mois et an que dessus.

(32) *Noms et grades des personnes présentes, soit comme officiers instrumentaires, soit comme témoins.*
Si quelques-uns des témoins ne savent ou ne peuvent signer, porter :
MM.   , autres témoins, ont dit ne savoir signer, ou ne pouvoir signer, attendu (*cause de l'empêchement*).

NOTA. Les deux expéditions de ce procès-verbal seront soumises, s'il y a lieu, au sous ou commandant en chef de l'armée ou de la division; l'une d'elles sera, ensuite, remise à l'officier d'administration.

Dans le cas où, crainte de contagion, tout ou partie des hardes devrait être jeté à la mer, on substituera à la formule du présent modèle celle modèle K, page 54.

Ce procès-verbal devra être transcrit sur le registre à ce destiné (modèle L, page 59).

BÂTIMENTS
DE L'ÉTAT.

[I]

PROCÈS-VERBAL

D'inventaire des effets, valeurs, papiers, etc. trouvés dans les caisses, sacs, etc. des maîtres, officiers-mariniers, matelots, apprentis marins, novices, mousses et surnuméraires décédés à bord, disparus, etc.

A dresser par l'officier d'administration, conformément aux articles 633 du décret du 20 mai 1868 et 582 du décret du 11 août 1856.

Nota. Se conformer au modèle n° 81 annexé au décret du 11 août 1856.

Dans le cas où, crainte de contagion, tout ou partie des effets devrait être jeté à la mer, il en serait fait mention au procès-verbal d'après les indications consignées au modèle K, page 54.

[J]

PROCÈS-VERBAL

*D'inventaire des effets, valeurs, papiers, etc. trouvés dans les caisses,
sacs, etc.*

Des soldats embarqués comme passagers,

*Et des autres passagers à la table des maîtres ou à la ration, décédés
à bord, disparus, etc.*

*A dresser par l'officier d'administration, conformément à l'article 633
du décret du 20 mai 1868, sur le service à la mer.*

L   *l*   commandé par

M.   *(son grade).*

(1) *En toutes lettres.*
(2) *Matin ou du soir.*
(3) *Endroit, parage ou hauteur où
se trouve le bâtiment. S'il est mouillé
(ou amarré), indiquer le nom du port,
de la rade, etc.*

CEJOURD'HUI le (1)   du mois d   de l'an mil huit cent (1)

à (1)   du (2),   étant à (3)   heure

4) *Prénoms et nom.*

5) *Si le capitaine du bâtiment est
également chargé de la comptabilité,
substituer à ce titre celui-ci :
  (Grade au service) capitaine
dudit bâtiment, chargé également de la comptabilité du
bord.
Ou, en cas d'empêchement ou de
mort de l'officier d'administration, porter :
  (Grade au service) remplissant, aux termes de l'art. 607
du décret du 20 mai 1868, et
d'après les ordres du capitaine,
les fonctions d'officier d'administration, et ce, par suite de la
mort du titulaire ;
  Ou chargé, d'après les ordres
du capitaine, de remplacer momentanément l'officier d'administration, lequel se trouve
(cause de l'empêchement).*

Nous (4)

officier d'administration du bâtiment susdésigné (5)

(6) *Indiquer le nom de la personne
qui préviendra de la disparition, etc.*

averti par (6)

que le sieur (4)

(7) *Grade au service.*

(8) *Profession, emploi, etc.
  Si c'est un soldat, indiquer le
nom du régiment, le numéro du
bataillon et de la compagnie.*

(7)

(8)

(9) *Si c'est un soldat, ajouter :*
Et sur la matricule de sou corps, n°   f°

inscrit sur le rôle d'équipage sous le n°   (9)

(10) Venait de mourir,
Ou avait disparu du bord (cause de sa disparition),
Ou avait déserté le

(10)

Nous sommes immédiatement transporté, avec M. (4)

(7)

(11) Officier en second,
Ou remplissant les fonctions d'officier en second, par suite de la mort du titulaire;
Ou chargé de remplacer momentanément l'officier en second, attendu (cause de l'empêchement).
Si la personne décédée a un ou plusieurs parents à bord, ajouter :
Et de M. (4, 7, 8) parent d   *(nom du décédé, du disparu, etc.)*
Si c'est un soldat, ajouter en outre :
Et de M.   capitaine
(ou lieutenant, etc.) d

(11)

(12) *Nom de l'officier en second ou de celui qui le remplace.*
(13) La malle, le sac, etc.

sur le gaillard d'arrière, où, d'après les ordres de M. (12)
le capitaine d'armes avait fait transporter l   (13)

(14) *Nom de la personne décédée, disparue, etc.*

qui appartenai   audit (14)

Et, ayant fait ouvrir, en présence des officiers et de l'équipage (et, *s'il y a lieu*, des passagers) réunis sur ce gaillard et désignés pour servir de émoins, l   13)   au nombre de (1)   nous y avons trouvé ce qui suit,

(15) *Bien désigner chaque effet et l'état dans lequel il se trouve.*
S'il y a de l'argent, des bijoux, détailler exactement l'espèce des monnaies, la forme des bijoux (en indiquant s'ils sont en or ou en argent), etc.

SAVOIR : (15)

DÉSIGNATION DES EFFETS.	ÉTAT DES EFFETS.
Habit en drap	
Pantalon en . . . .(*).	

1° Pour les soldats

(*) Ne porter qu'un seul effet sur la même ligne.

7.

sur le gaillard d'arrière, où, d'après les ordres de M.

(12)   le capitaine d'armes avait fait

transporter l   (13)   qui appartenai   audit (14)

Et ayant fait ouvrir, en présence des officiers de l'é-
quipage et des passagers, réunis sur ce gaillard et désignés pour servir de témoins au nombre d (1)

, nous y avons trouvé ce qui suit,

SAVOIR :

2° Pour les passagers.

(16) *Écrire les nombres en toutes lettres; bien désigner chaque effet ou objet, et l'état dans lequel il se trouve. S'il y a de l'argent, des bijoux, des effets de commerce, etc. détailler exactement l'espèce des monnaies, la nature des valeurs, la forme des bijoux (en indiquant s'ils sont en or ou en argent), les dates, numéros, montant et signatures des effets de commerce, etc.*

(16)

(17) Dans la malle, le sac, etc.

Nous avons fait ensuite renfermer les hardes et effets (17)

et nous avons

(18) Sur sa fermeture, *Ou sur la fermeture de chacun de* (17) *On par-dessus les deux extrémités du cordage placé en croix qui sert à fermer.* (19) *Qualité de la toile.* (20) *Verte ou rouge.*

appliqué (18)

une bande de toile (19)

retenue avec de la cire (20)   et aux quatre coins de laquelle
bande nous avons apposé sur de la cire de la même couleur le cachet réglementaire en service, et nous avons écrit sur cette bande :

1° Les nom, prénoms, grade (*ou* profession dudit) (14)

2° Le nom d (21)   situé dans l'arrondissement

d   département d   qui est le

lieu (22)

(21) *Nom de la commune.*

(22) *Qu'il habitait avant son embarquement;* *Ou de sa naissance, celui qu'il habitait avant son embarquement étant inconnu.* (23) *S'il existait d'autres objets qui ne fussent pas susceptibles d'être mis dans les malles ou sacs, les détailler ici, et indiquer le lieu où ils doivent être entreposés.*

(23)

Ces formalités remplies, nous avons fait transporter l   dit   (13)
dans la soute à ce destinée, où il   été déposé en notre
présence, et où il   rester   jusqu'au retour du bâtiment, à moins qu'il
n'en soit autrement ordonné par le capitaine.

(24) A l'argent, aux bijoux, etc.

Quant à (24)

nous l   avons remis au capitaine, qui, en notre présence, l   a renfermé
dans la caisse du bord, et mention de ce dépôt a été faite aussitôt sur le
registre à ce destiné.

(25)

(25) *Si des effets hors de tout service n'avaient pas pu être renfermés dans les malles ou sacs, ajouter :* Ayant reconnu que les effets suivants (*en bien désigner l'espèce et le nombre*) étaient hors de tout service et de nulle valeur; considérant, en outre, qu'il serait nuisible à la conservation des autres effets qu'ils fussent réunis à ceux-ci, nous en avons ordonné le jet à la mer, ce qui a eu lieu immédiatement.

NOTA. *Si l'inventaire est dressé dans un port de l'empire, les effets seront immédiatement transportés à terre; dans ce cas, on substituera aux paragraphes ci-dessus celui-ci :*

Ces formalités remplies, nous avons laissé l   dit   (13)   à la
disposition de M.   , officier d'administration,
qui doit en faire immédiatement la remise à terre.

Et, s'il y a lieu, on ajoutera :

Indépendamment des objets décrits de l'autre part (ou ci-dessus), nous avons trouvé dans (26) un (27)

(26) *Indication de l'endroit où les objets ont pu être trouvés.*
(27) Testament olographe et non cacheté,
Ou papier ou des papiers clos et scellés qui nous ont paru, pouvoir renfermer ou qui renferment un testament olographe.

Nous avons aussitôt fait prévenir M. (4) (7)
(28)
qui, après avoir fait une copie littérale du dit testament olographe, et rempli à cet égard, les formalités voulues par l'instruction du Ministre de la marine en date du 2 juillet 1828, nous a requis de consigner ici :

(28) Capitaine du bâtiment, ou remplissant les fonctions de capitaine du bâtiment, par suite du décès ou (*cause de l'empêchement*) de M. , capitaine titulaire.

1° Que le susdit testament et la susdite copie font mention (29)
2° Que l'une et l'autre pièces ont été closes et scellées séparément (30)
3° Que l'acte de suscription de chacune d'elles est ainsi conçu (31) :

1° Si le testament est ouvert et non cacheté.

(29) *Relater exactement les noms des principaux légataires (les plus proches parents), et le lieu de leur domicile.*
(30) *Dire si chaque pièce est dans un papier servant d'enveloppe, ou si le papier même sert d'enveloppe; dans l'un et l'autre cas, décrire la forme du cachet apposé sur la fermeture, la couleur de la matière et l'empreinte.*
A défaut de cire, relater les nom des personnes qui ont apposé leurs signatures sur la fermeture de chaque paquet.
(31) *Transcrire exactement l'acte de suscription, relater les signatures, etc.*

qui, après avoir rempli les formalités voulues par l'instruction du Ministre de la marine en date du 2 juillet 1828, nous a requis de consigner ici que ce (27) été trouvé clos et scellé (30), et qu'il porte pour suscription ce qui suit (31) :

2° Si les papiers sont trouvés clos et cachetés.

(32) *C'est le nom du capitaine ou de celui qui le remplace.*

Ce (27) été laissé, dans l'état susdécrit, à M. (32) , qui, sous sa responsabilité personnelle, en demeure chargé, jusqu'à ce qu'il puisse en faire la remise à qui de droit.

Et tout ce que dessus contenant vérité, nous avons dressé le présent procès-verbal en double expédition, pour servir et valoir ce que de raison : et ont signé avec nous, après lecture (33).

Fait à bord, en double expédition, les jour, mois et an que dessus.

(33) *Noms et grades des personnes présentes, soit comme officiers instrumentaires, soit comme témoins.*
Si quelques-uns des témoins ne savent ou ne peuvent pas signer, porter :
Et MM. nutres témoins, ont dit ne savoir signer ou ne pouvoir signer, attendu (*cause de l'empêchement*).

NOTA Les deux expéditions de ce procès-verbal seront soumises, s'il y a lieu, au *visa* du commandant en chef de l'armée ou de la division; l'une d'elles sera ensuite remise à l'officier d'administration.
Dans le cas où, crainte de contagion, tout ou partie des effets devrait être jeté à la mer, on substituera à la formule du présent modèle celle du modèle K, page 54.
Ce procès-verbal devra être transcrit sur le registre à ce destiné.
(Voyez modèle L, page 56.)

[K]

PROCÈS-VERBAL

D'inventaire dès effets, valeurs, papiers, etc. trouvés dans les malles, caisses, sacs, etc. des individus embarqués, sous quelque titre que ce soit, décédés, à bord, par suite de maladies contagieuses; à dresser par l'officier d'administration, conformément à l'article 633 du décret du 20 mai 1868, sur le service à la mer.

NOTA. Dans ce cas, cette formule est à substituer à celles qui précèdent H, I, J.

L   *l*   , commandé

par M.   *(son grade)*.

(1) *En toutes lettres.*
(2) *Matin ou du soir.*
(3) *Endroit, parage ou hauteur où se trouve le bâtiment. S'il est mouillé (ou amarré), indiquer le nom du port, de la rade, etc.*

CEJOURD'HUI le (1) du mois d   de l'an mil huit cent (1)
à (1) heure   du (2), étant a (3)

(4) *Prénoms et nom.*

Nous (4)

(5) *Si le capitaine du bâtiment est également chargé de la comptabilité, substituer à ce titre celui-ci :*

     (Grade au service) capitaine dudit bâtiment, chargé également de la comptabilité du bord ;

Ou, *en cas d'empêchement ou de mort de l'officier d'administration, porter ·*

     (Grade au service) remplissant, aux termes de l'art. 607 du décret du 20 mai 1868, et d'après les ordres du capitaine, les fonctions d'officier d'administration, et ce, par suite de la mort du titulaire;
     Ou chargé, d'après les ordres du capitaine, de remplacer momentanément l'officier d'administration, lequel se trouve *(cause de l'empêchement).*

officier d'administration du bâtiment susdésigné,

(6) *Grade au service.*

(7) *Profession, emploi, division et numéro d'immatriculation, ou quartier, folio et numéro d'inscription, ou passager à bord.*

(8) *Si c'est un officier de terre ou un soldat, porter le nom du régiment et le numéro du bataillon et de la compagnie.*

averti par (4)   médecin-major
que le sieur (5)

(6)

(7)

Inscrit sur le rôle d'équipage sous le n°

(8)

venait de mourir à bord, par suite d *(genre de maladie.)*

Informé en même temps par M. (4)

(7)   médecin-major, que là maladie à laquelle
ledit (9)   a succombé était contagieuse, et qu'il serait dangereux de conserver à bord les hardes qui étaient sur lui ou auprès de lui au
moment de son décès;

Ayant rendu compte de cette déclaration, le capitaine du bâtiment nous
a donné l'ordre de faire jeter à la mer lesdites hardes.

En conséquence, et après avoir pris toutes les précautions nécessaires,
nous avons, en présence de (4, 7), (10), de l'état-major, de l'équipage (et,
s'il y a lieu, des passagers désignés pour servir de témoins), fait jeter à la
mer par (11)

les effets dont le détail suit, nous étant préalablement assuré qu'aucun d'eux
ne contenait ni argent, ni bijoux ou papiers,

SAVOIR :

(12)

Cette opération terminée, nous nous sommes immédiatement transporté
sur le gaillard d'arrière, où, d'après l'ordre de M. (13)
le capitaine d'armes avait fait transporter l (14)
contenant les autres effets non atteints de la contagion, qui appartenaient
audit (10)

Et ayant fait ouvrir en présence des officiers et de l'équipage, etc.

Le reste du procès-verbal doit être conforme, suivant le grade ou l'emploi de l'individu
décédé, au modèle H, pages 46 à 48.
modèle J, pages 50 à 53.

NOTA. Le présent procès-verbal devra être transcrit sur le registre à ce destiné,
modèle L, page 56.

---

(9) *Nom de la personne décédée.*

(10) Officier en second ;
Ou remplissant les fonctions d'officier en second, par suite de la mort du titulaire;
Ou chargé par le capitaine de remplacer momentanément l'officier en second, attendu (*cause de l'empêchement*).

(11) *Lieu ou endroit d'où les effets ont été jetés.*

(12) *Détailler, aussi exactement que possible, les effets jetés; s'ils appartenaient à un marin ou à un militaire, dire s'ils sont de tenue.*

(13) *Nom de l'officier en second ou de celui qui le remplace.*
(14) Malle, caisse, sac, etc.

[L]

REGISTRE

*Destiné à la transcription des procès-verbaux d'inventaire des effets,
valeurs, papiers, etc. trouvés dans les malles, sacs, etc. des*

Officiers de tous grades et aspirants de la marine,
Marins et surnuméraires,
Troupes,
Passagers,
*Embarqués, sous quelque titre que ce soit, et décédés à bord,
disparus, etc.*
*Et ce, conformément à l'article 633 du décret du 20 mai 1868,
sur le service à la mer.*

SERVICE DES BÂTIMENTS DE L'ÉTAT.

*Service des procès-verbaux d'inventaire des effets, valeurs, papiers, etc.
provenant des morts, disparus, etc.*

L   l

armé à

Le présent registre, contenant (*en toutes lettres*) feuillets, celui-ci compris, a été coté et parafé, par premier et dernier, par nous, commissaire aux
armements, au port de   , pour servir,
à compter du premier   mil huit cent
à l'enregistrement des procès-verbaux d'inventaires ci-dessus relatés, lesquels sont à dresser par l'officier d'administration du bâtiment, conformément à l'article 633 du décret du 20 mai 1868, sur le service à la mer.

A (*nom du port*), le   mil huit cent

[M]

PROCÈS-VERBAL

D'inventaire des effets, valeurs, papiers, etc. trouvés dans les malles,
sacs, etc.

des gens de l'équipage } *décédés à bord, disparus, etc. à dresser*
et des passagers } *décédés à bord, disparus, etc. à dresser*

par le capitaine (maître ou patron).

L   du commerce *l*   du port de   tonneaux,
appartenant à MM.   , et armé a *(port d'armement)*.

CEJOURD'HUI, le (1) du mois d   de l'an mil huit cent (1),
à (1)   heure   du (2)   , étant a (3)

Nous (4)

(5)   (6)

Averti par (7)

que le Sr (4)

(5)   (8)

(9)

inscrit sur le rôle d'équipage (10),

Nous sommes immédiatement transporté, avec le Sr (4)

(5 et 8)   (11)

(12)   où nous nous sommes fait représenter
les effets, hardes, etc. qui appartenaient audit (13)

Et ayant fait ouvrir, en présence de l'équipage (et, *s'il y a lieu*, des passagers) l (14)   au nombre de (1)   , nous y avons
trouvé ce qui suit,

SAVOIR :

(15)

Nous avons fait ensuite renfermer les hardes et effets dans (16)

(17) *Sur sa fermeture,*
Ou sur la fermeture de chacun
d (14)
Ou par-dessus les deux extrémités
du cordage placé en croix qui sort à
l fermer.
(18) *Qualité et couleur de la toile.*
(19) *Retenue avec de la cire (verte*
ou rouge), et aux quatre coins de la-
quelle bande nous avons apposé, sur
de la cire de la même couleur, un
cachet (désignation du cachet).
Dans le cas où il n'y aurait à bord
ni cire ni autre matière propre à rete-
nir cette bande de toile, on devra cou-
dre ou clouer ladite bande; alors on
substituera au paragraphe ci-dessus le
suivant:
Qui, faute de cire ou de toute
autre matière propre à la sceller, a
été cousue (ou clouée) sur l
dit (14).
(20) *Nom de la commune.*
(21) *Qu'il habitait avant son em-*
barquement;
Ou de sa naissance, celui qu'il ha-
bitait avant son embarquement étant
inconnu.
(22) *Notre chambre ou dans (dé-*
signation de l'endroit), dont nous
avons la clef.

(23) *S'il existait des objets qui ne*
fussent pas susceptibles d'être mis dans
les malles, sacs, etc. les détailler ici,
et indiquer le lieu où ils doivent être
entreposés.
(24) *Indication de l'armoire, du*
sac, etc.
(25) *Testament olographe et non*
cacheté;
Ou papier ou des papiers clos et
scellés, qui nous ont paru pouvoir
renfermer ou qui renferment un tes-
tament olographe.
(26) *Relater exactement les noms*
des principaux légataires (les plus
proches parents), et le lieu de leur do-
micile.
(27) *Dire si chaque pièce est dans*
un papier servant d'enveloppe, ou si le
papier même sert d'enveloppe; dans
l'un et l'autre cas, décrire la forme du
cachet apposé sur la fermeture, la cou-
leur de la matière et l'empreinte.
A défaut de cire, relater les noms
des personnes qui ont apposé leurs si-
gnatures sur la fermeture de chaque
paquet.

(28) *Transcrire exactement l'acte*
de inscription, relater les signatures,
etc.

et nous avons appliqué (17)

une bande de toile (18)
(19)

et nous avons écrit sur ladite bande :
1° Les nom, prénoms, grade (*ou* profession) dudit (13)
2° Le nom d (20)   , situé dans l'arrondissement d
département d   (21)

Ces formalités remplies, nous avons fait déposer l   dit (14) dans (22) et nous prenons l'engagement de l   remettre, à terre, au commissaire de l'inscription maritime, dans l'état où il se trouve   , à moins d'événements de mer légalement constatés.
(23)   *Et s'il y a lieu, on ajoutera :*
Indépendamment des objets décrits ci-dessus (*ou* de l'autre part), nous avons trouvé dans (24)   un (25)

Après avoir fait une copie littérale dudit testament olographe, et rempli à cet égard les formalités voulues par l'instruction du Ministre de la marine en date du 2 juillet 1828, nous déclarons :
1° Que le susdit testament et la susdite copie font mention (26)
2° Que l'une et l'autre pièce ont été closes et scellées séparément (27)
3° Que l'acte de suscription de chacune d'elles est ainsi conçu : (28)

1° Si le testament est ouvert et non cacheté.

———

Après avoir rempli les formalités voulues par l'instruction du Ministre de la marine en date du 2 juillet 1828, nous déclarons que ce (25)   été trouvé clos et scellé (27), et qu'il porte pour suscription ce qui suit : (28)

2° Si les papiers sont trouvés clos et cachetés.

Ce   (25)   été laissé   , dans l'état susdécrit, entre nos mains, nous nous en reconnaissons bien et dûment chargé, et prenons l'engagement de l   remettre à qui de droit.
Et tout ce que dessus contenant vérité, nous avons dressé le présent procès-verbal, pour servir et valoir ce que de raison, et ont signé avec nous, après lecture (29) :

Fait à bord, en double expédition, les jour, mois et an que dessus.

(29) *Noms et grades des personnes*
présentes, soit comme officiers instru-
mentaires, soit comme témoins.
Si tous les témoins ou une partie des
témoins ne savent ou ne peuvent signer,
porter :
Et MM. (noms), témoins, ont dit
ne savoir signer, ou ne pouvoir si-
gner, attendu (cause de l'empêche-
ment);
Ou et par MM.   témoins;
MM.   , autres témoins, ont
dit ne savoir signer, ou ne pouvoir
signer, attendu (cause de l'empêche-
ment).

NOTA. Dans le cas où, crainte de contagion, tout ou partie des hardes devrait être jeté à la mer, on substituera à la formule du présent modèle celle du modèle N, page 60.
Ce procès-verbal sera transcrit à sa date sur le rôle d'équipage, avec les actes de l'état civil.

[N]

PROCÈS-VERBAL

*D'inventaire des effets, valeurs, papiers, etc. trouvés dans les malles,
caisses, sacs, etc. des individus embarqués, sous quelque titre que
ce soit, décédés à bord par suite de maladies contagieuses;
A dresser par le capitaine (maître ou patron).*

NOTA. Dans ce cas, cette formule est à substituer à celle qui précède (modèle M).

L   du commerce /   du port de   tonneaux,
    appartenant à MM.   et armé a (*port d'armement*).

CEJOURD'HUI le (1) du mois d   de l'an mil huit cent (1)
à (1) heure   du (2), étant à (3)

(1) *En toutes lettres.*
(2) *Matin ou du soir.*
(3) *Endroit, parage ou hauteur où se trouve le navire. S'il est mouillé (ou amarré), indiquer le nom du port, de la rade, etc.*
(4) *Prénoms et nom.*
(5) *Grade au service.*
(6) Capitaine (maître ou patron) dudit navire (ou bateau);
On (4-5) embarqué sur ledit navire (ou bateau);
Ou (4-5) embarqué sur ledit navire (ou bateau), appelé, dans l'ordre du service, à remplir les fonctions de capitaine (maître ou patron), celui-ci étant mort; ou attendu (*cause de l'empêchement*).
(7) *Nom de la personne qui a donné l'avis du décès, de la disparition, etc.*
(8) *Fonction, emploi à bord, quartier, folio et numéro d'inscription, ou passager à bord.*
(9) *S'il y avait à bord comme passagers des officiers ou des marins au service de l'État, indiquer le port ou le bâtiment d'où provenaient les officiers, ou pour les marins, la division et le numéro d'immatriculation ou le quartier, folio et numéro d'inscription.*
S'il y avait des officiers de terre ou des soldats, indiquer le numéro du régiment, du bataillon et de la compagnie.
(10) *Nom de la personne décédée.*

Nous (4)   (5)   (6)   averti

par (7)
que le Sr (4)
(5)   (8)
(9)
inscrit sur le rôle d'équipage, venait de mourir à bord, par suite
d (*genre de maladie*);
M. (4)   chirurgien, consulté à ce sujet,
ayant déclaré que cette maladie était contagieuse et qu'il
serait dangereux de conserver à bord les hardes que ledit   *S'il existe un chirurgien à bord.*
(10)   avait sur lui ou auprès de lui au
moment de son décès.

Ayant, à défaut de chirurgien, consulté à ce sujet le
Sr (4, 5, 8)   et le Sr (4, 5, 8)
les deux plus anciens marins du navire, ils ont été, ainsi
que nous, d'avis que, cette maladie pouvant être conta-   *S'il n'existe pas de chirurgien à bord.*
gieuse, il ne convenait pas de conserver à bord les hardes
que ledit (10)   avait sur lui ou auprès de lui
au moment de son décès;

(11) *Du chirurgien,
Ou des deux marins susnommés.*
(12) *Lieu ou endroit d'où les effets ont été jetés.*

En conséquence, et après avoir pris toutes les précautions nécessaires,
nous avons, en présence de (11)   et de l'équipage
(et, *s'il y a lieu, des passagers*), fait jeter à la mer par (12)
les effets dont le détail suit, nous étant, préalablement, assuré qu'aucun
d'eux ne contenait ni argent, ni bijoux ou papiers,

SAVOIR :

SAVOIR :

(13) *Détailler, aussi exactement que possible, les effets jetés; s'ils appartenaient à un marin ou à un soldat, dire s'ils sont de tenue.*

(13)

(14) *Lieu, poste, chambre, etc.*

(15) *Malles, caisses, sacs, etc.*

Cette opération terminée, nous nous sommes immédiatement transporté (14)   , où nous nous sommes fait représenter les autres effets, hardes, etc. qui appartenaient audit (10)

Et ayant fait ouvrir, en présence de l'équipage (et, *s'il y a lieu*, des passagers), les (15)

au nombre de (1)   , nous y avons trouvé ce qui suit,

SAVOIR :

(16) *Écrire les nombres* en toutes lettres ; *bien désigner chaque effet ou objet, et l'état dans lequel il se trouve.*
S'il y a de l'argent, des bijoux, des effets de commerce, détailler exactement l'espèce des monnaies, la nature des valeurs, la forme des bijoux (en indiquant s'ils sont en or ou en argent), les dates, numéros, montant et signatures des effets de commerce, etc.

(16)

(17) *Le (nombre) (15) qui les contenaient;*
Ou dans (15), que nous nous sommes procurés à bord, ces effets, hardes, etc. ayant été trouvés en partie dans les meubles ou équipets de la chambre ou de la cabane, etc.

Nous avons fait ensuite renfermer les hardes et effets dans (17)

(18) *Sur sa fermeture,*
Ou sur la fermeture de chacun d (15),
Ou par-dessus les deux extrémités du cordage placé en croix qui sert à l   fermer.

et nous avons appliqué (18)

(19) *Qualité et couleur de la toile.*

(20) *Retenue avec de la cire (verte ou rouge), et aux quatre coins de laquelle bande nous avons apposé, sur de la cire de la même couleur, un cachet (désignation du cachet).*
Dans le cas où il n'y aurait à bord ni cire, ni autre matière propre à retenir cette bande de toile, on devra coudre ou clouer ladite bande; alors on substituera au paragraphe ci-dessus le suivant :
Qui, faute de cire ou de toute autre matière propre à la sceller, a été cousue (ou clouée) sur l   dit (15).

une bande de toile (19)
(20)

(21) *Nom de la commune.*
(22) *Qu'il habitait avant son embarquement;*
Ou sa naissance, celui qu'il habitait avant son embarquement étant inconnu.
(23) *Dans notre chambre ou dans (désignation de l'endroit) dont nous avons la clef.*
(24) *S'il existait des objets qui ne fussent pas susceptibles d'être mis dans les malles, sacs, etc., les détailler ici, et indiquer le lieu où ils doivent être entreposés.*

et nous avons écrit sur ladite bande :

1° Les nom, prénoms, grade (*ou* profession) dudit (10)

2° Le nom d (21)   , situé dans l'arrondissement d département d   (22)

Ces formalités remplies, nous avons fait déposer l   dit   (15) dans (23)   , et nous prenons l'engagement de l   remettre, à terre, au commissaire de l'inscription maritime, dans l'état où ils se trouvent, à moins d'événements de mer légalement constatés.

(24)

(25) *Indication dn meuble , de l'armoire, du sac, etc.*
(26) *Testament olographe et non cacheté;*
Ou papier ou des papiers clos et scellés qui nous ont paru pouvoir renfermer ou qui renferment un testament olographe.

Et, s'il y a lieu, on ajoutera :

Indépendamment des objets décrits de l'autre part (*ou* ci-dessus), nous avons trouvé dans (25)   un (26)

Après avoir fait une copie littérale dudit testament olographe, et rempli à cet égard les formalités voulues par l'instruction du Ministre de la marine en date du 2 juillet 1828, nous déclarons :

1° Que le susdit testament et la susdite copie font mention (27)

(27) *Relater exactement les noms des principaux légataires (les plus proches parents), et le lieu de leur domicile.*
(28) *Dire si chaque pièce est dans un papier servant d'enveloppe; dans l'un et l'autre cas, décrire la forme du cachet apposé sur la fermeture, la couleur de la matière et l'empreinte.*
A défaut de cire, relater les noms des personnes qui ont apposé leurs signatures sur la fermeture de chaque paquet.
(29) *Transcrire exactement l'acte de suscription, relater les signatures, etc.*

2° Que l'une et l'autre pièces ont été closes et scellées séparément (28)

     1° Si le testament est ouvert et non cacheté.

3° Que l'acte de suscription de chacune d'elles est ainsi conçu : (29)

Après avoir rempli les formalités voulues par l'instruction du Ministre de la marine en date du 2 juillet 1828, nous déclarons que ce   (26)   été trouvé clos et scellé   (28), et qu'il porte pour suscription ce qui suit : (29)

     2° Si les papiers sont trouvés clos et cachetés.

Ce (26)   été laissé   , dans l'état susdit, entre nos mains; nous nous en reconnaissons bien et dûment chargé, et prenons l'engagement de l   remettre à qui de droit.

Et tout ce que dessus contenant vérité, nous avons dressé le présent procès-verbal, pour servir et valoir ce que de raison, et ont signé avec nous, après lecture (30),

(30) *Noms et grades des personnes présentes, soit comme officiers instrumentaires, soit comme témoins.*
Si quelques-uns des témoins ne savent ou ne peuvent pas signer, porter :
et MM.   *autres témoins, ont dit ne savoir signer, ou ne pouvoir signer, attendu (cause de l'empêchement).*

Fait à bord, en double expédition, les jour, mois et an que dessus.

NOTA. Le présent procès-verbal sera transcrit à sa date sur le rôle d'équipage, avec les actes de l'état civil.

DEUXIÈME SECTION.

ÉTAT CIVIL.

Actes de naissance, de reconnaissance d'enfants naturels et de décès; Actes pour constater qu'un enfant a été présenté sans vie, et Procès-verbaux de disparition.

Bâtiments de l'État....... modèles nᵒˢ 1 à 6 ⎫
Navires du commerce..... modèles.nᵒˢ 7 à 12 ⎬ modèle nᵒ 12.
 ⎭

NOTES.

Tous ces actes sont à inscrire à la suite des rôles d'équipage des bâtiments et navires.

Les officiers instrumentaires n'ont à en remettre des expéditions (*et seulement pendant que les bâtiments et navires sont armés*) que dans le cas prévu par l'instruction (pages 12, 13, 14, 17, 18 et 20), laquelle indique la destination qu'ils doivent donner à ces expéditions.

Après avoir relaté au bas de chaque expédition les signatures,

    1° Des personnes qui ont concouru à la rédaction de l'acte,

    2° Des parties intéressées,

    3° Des témoins,

Les officiers instrumentaires certifieront la conformité de l'expédition avec l'acte même, de la manière suivante :

Pour les bâtiments de l'État.................
⎰ Pour expédition conforme (1)   inscrit à la suite du rôle d'équipage dudit bâtiment (folio   ), laquelle a été délivrée par nous (*nom et prénoms et grade au service*), officier d'administration (2), pour être déposée au bureau des armements du port (*ou de la colonie*) d   (*ou à la chancellerie du consulat de France à (nom du pays)*).
    (Cachet à la cire, du bâtiment, confié à l'officier instrumentaire.)

Pour les navires du commerce.................
⎰ Pour expédition conforme à (1)   inscrit à la suite du rôle d'équipage dudit navire (folio   ), laquelle a été délivrée par nous (*nom et prénoms et grade au service*), capitaine de ce navire (3), pour être déposée au bureau de l'inscription maritime du port (*ou de la colonie* d   ), ou à la chancellerie du consulat de France à (*nom du pays*).

Lorsque les expéditions auront été déposées à terre, l'administrateur de la marine, l'agent diplomatique, le

---

(1) L'acte de naissance, — l'acte de reconnaissance, — l'acte de décès, — l'acte (*constatant qu'un enfant a été présenté sans vie*), — au procès-verbal de disparition.

(2) Si le capitaine du bâtiment est également chargé de la comptabilité, ou si l'officier d'administration est décédé ou empêché, spécifier ce changement, ainsi que l'indiquent les notes des modèles ci-après, nᵒˢ 1 à 6, pages 65 à 76.

(3) Si le capitaine, le maître ou le patron est mort ou empêché, suivre ce qu'indiquent les notes des modèles ci-après, nᵒˢ 7 à 11, pages 77 à 86.

consul ou le vice-consul de France, qui les aura reçues portera au bas de chacune d'elles ce qui suit, après vérification sur le rôle d'équipage :

Nous { commissaire de la marine chargé des armements à
ou commissaire de la marine chargé de l'inscription maritime au quartier d
ou consul ou vice-consul de France à

où ledit bâtiment (ou navire) a relâché le   du mois d   de l'an mil huit cent
attestons :

1° Que cette expédition est conforme à l'acte d (1)   inscrit à la suite du rôle d'équipage qui nous a été présenté ;

2° Que la signature ci-dessus est bien celle de M. (*nom et grade au service*), officier d'administration d (2) *Ou* capitaine (maître ou patron) du navire (3) ;

A   le   mois d   l'an mil huit cent

(Cachet ou timbre, confié au commissaire de la marine ou à l'agent diplomatique, etc.)

Dans les colonies, cette expédition sera visée par les gouverneurs.

Parvenue au ministère de la marine, l'expédition à transmettre aux officiers de l'état civil sera ainsi légalisée :

Vu par le Ministre Secrétaire d'État de la marine ; et la présente expédition est transmise à M. (4) l'officier de l'état civil de la commune d   arrondissement d   département à   , pour qu'il en fasse inscription sur les registres de l'état civil de ladite commune, conformément à l'article (5)

A Paris, le   du mois d   de l'an mil huit cent

(Timbre du ministère.)   NOTA. Les procès-verbaux de disparition ne seront pas légalisés par le Ministre ; ils seront envoyés aux commissaires des armements ou de l'inscription maritime des ports d'armement des bâtiments ou navires.

Après le désarmement des bâtiments ou navires dans les ports de France les rôles d'équipage étant déposés à terre, les administrateurs de la marine auxquels ils seront confiés porteront ce qui suit au bas de l'expédition de chacun des actes qu'ils auront à transmettre directement (6) aux officiers de l'état civil :

Pour expédition conforme à l'acte d (1)   inscrit à la suite du rôle d'équipage (f°   )

Bâtiment de l'État . . { d   d   l
et armé à

Navire du commerce . { d   l   du port d   tonneaux, appartenant
à MM.   , et armé à

lequel rôle, par suite du désarmement de ce (*bâtiment ou navire*), est déposé au bureau des armements du port (ou au bureau de l'inscription maritime du quartier) d

Cette expédition, délivrée par nous commissaire de la marine, chargé (*des armements ou de l'inscription maritime*) est transmise à M. l'officier de l'état civil de la commune d   , arrondissement d département d   , pour qu'il en fasse inscription sur les registres de l'état civil de ladite commune, conformément à l'article (4).

A   , le   du mois d   de l'an mil huit cent

(Cachet ou timbre, qui est confié au commissaire.)

Lorsque le désarmement des bâtiments ou navires aura lieu dans les colonies françaises, se conformer également à la formule ci-dessus. Chaque expédition de l'acte devra être visée par les gouverneurs.

Relativement *aux actes constatant la cause ou le genre de mort des individus décédés à bord des bâtiments de l'État*, les expéditions en doivent être légalisées ou certifiées par les officiers instrumentaires, par les administrateurs de la marine, ou par les agents diplomatiques, consuls ou vice-consuls de France, de la manière indiquée ci-dessus ; mais ces expéditions étant seulement destinées à servir de renseignements à l'administration de la marine (et nullement à être envoyées aux officiers de l'état civil), elles ne seront pas soumises au visa du ministre.

(4) Si l'expédition doit être envoyée dans une colonie, on portera seulement :

Le gouverneur d (*nom de la colonie*), pour qu'il en fasse faire inscription sur les registres de l'état civil d (*lieu du domicile du décédé, etc.* de ladite colonie.

(5) 61 pour les actes de naissance }
62 ——————— de reconnaissance } du Code civil.
87 ——————— de décès }

2 pour un enfant présenté sans vie (décret du 1er juillet 1806).

(6) Cette transmission n'aura lieu que lorsque les officiers instrumentaires n'auront pas pu remettre, à terre, des expéditions des actes avant le désarmement des bâtiments ou navires.

[N° 1er.]

ACTE DE NAISSANCE

*A dresser pendant un voyage de mer, conformément à l'article 59
(livre Ier, titre II, chapitre II) du Code civil.*

NOTA. Cet acte doit être rédigé à bord *dans les vingt-quatre heures qui suivent la
naissance.* (Même article.)

(1) *En toutes lettres.*
(2) *Matin ou du soir.*
(3) *Endroit, parage ou hauteur où
se trouve le bâtiment; s'il est mouillé,
indiquer le nom du port, de la rade,
etc.*

*Si le bâtiment est mouillé sur une
rade, et qu'il ne puisse ou ne doive
pas communiquer avec la terre, ajouter :*

Étant en relâche forcée, par
suite de mauvais temps ou d'a-
varies, ou de la présence de
l'ennemi, mais ne pouvant communiquer avec la terre (parce
que le bâtiment appareillera incessamment, ou par l'effet de ce
mauvais temps), ou étant empêché par l'effet du mauvais temps
de communiquer en ce moment
avec la terre.

*Si le bâtiment est dans un pays
étranger où il n'existe pas d'agent
français, remplacer le paragraphe précédent par celui-ci :*

Où il n'existe pas d'agent
français.

(*V. page 6 de l'Instruction.*)

(4) *Prénoms et nom.*
(5) *Si le capitaine du bâtiment est
également chargé de la comptabilité,
substituer à ce titre celui-ci :*

(*Grade au service*) capitaine
dudit bâtiment, chargé également de la comptabilité du
bord, et devant remplir, sous
ce dernier rapport, les fonctions
attribuées aux officiers d'administration;

Ou, *en cas d'empêchement ou de
mort de l'officier d'administration embarqué, porter :*

(*Grade au service*) remplissant, aux termes de l'article 607
du décret du 20 mai 1868, et
d'après les ordres du capitaine,
les fonctions d'officier d'administration, et ce, par suite de
la mort du titulaire;

Ou chargé, d'après les ordres
du capitaine, de remplacer momentanément l'officier d'administration, lequel se trouve
(*cause de l'empêchement*), ou lequel n'ayant pas l'âge requis
par la loi pour remplir les fonctions d'officier instrumentaire.

NOTA. *Si l'enfant appartenait à l'officier instrumentaire, l'acte serait à dresser
par la personne qui doit remplacer cet
officier en cas d'empêchement ou de mort.
Dans cette hypothèse, on fera mention
de cette circonstance dans l'acte, de la
manière suivante :*
Appelé, *dans l'ordre du service, à
remplacer M.   , qui est le père
de l'enfant,* etc.

(6) *Grade au service, profession,
emploi, etc. du déclarant.*
(7) *Si c'est un officier ou un passager, le lieu qu'il indiquera,*
*Si c'est un marin, le nom de la
division dans laquelle il est immatriculé
ou le nom du quartier où il est inscrit
en cette qualité :*
*Si c'est un militaire, le lieu du do-
micile habituel de sa femme.*
*Dans le cas où le déclarant serait
le père de l'enfant, et s'il avait de-
meuré, avant son embarquement, à
Paris ou dans une des grandes villes
de la France où il existe plusieurs arrondissements municipaux, rappeler,
autant que possible, le quartier ou la
rue qu'il habitait, afin de procurer les
moyens de faire parvenir plus sûrement
l'acte de naissance de l'enfant légitime
ou naturel à l'officier de l'état civil de
l'arrondissement indiqué par le père.*

CEJOURD'HUI le (1)   du mois d   de l'an mil huit cent   (1),
à (1) heure   du (2), étant à (3)

Par-devant nous (4)

officier d'administration (5)

d   l   , commandé par

M.   et armé a

remplissant à bord les fonctions d'officier de l'état civil, en vertu de l'article 59 (livre Ier, titre II, chapitre II) du Code civil,

Est comparu (4)   (6)   âgé de (1)   ans, domicilié
avant son embarquement, à   (7), arrondissement d
département d

9

(8) Masculin ou féminin.

(9) Hier ou aujourd'hui.

(10) *Prénoms et nom, âge et profession de la mère.*

(11) *Prénoms donnés à l'enfant.*

Nota. Les noms en usage dans les différents calendriers et ceux des personnages connus de l'histoire ancienne peuvent seuls être reçus comme prénoms, sur les registres de l'état civil destinés à constater la naissance des enfants, et il est interdit aux officiers publics d'en admettre aucun autre dans leurs actes. [Art. 1er de la loi du 1er avril 1803, 11 germinal an xi].

(12) *Prénoms, noms, âges, grades ou professions et domiciles (avant leur embarquement) des deux témoins qui doivent être pris parmi les officiers du bâtiment, ou, à leur défaut, parmi les hommes de l'équipage.* (Article 59, page 8.)

S'il n'y a qu'un officier qui, d'après son âge, puisse servir de témoin, ajouter après les prénoms, nom, grade, etc. da témoin pris parmi l'équipage à défaut d'un second officier :

À défaut d'un second officier à bord ayant l'âge requis par la loi :

Ou, s'il n'y a pas d'officiers à bord, ou s'il n'y en a pas d'assez âgés :

Témoins pris tous deux parmi les gens de l'équipage, à défaut d'officiers à bord, ou à défaut d'officiers ayant l'âge requis par la loi. (Voyez *page 9 de l'Instruction.*)

lequel nous a présenté un enfant du sexe (8)

né à bord (9)   à (1)   heure

du (2)   , de lui déclarant et de (10)

son épouse, passagère, et auquel il a déclaré vouloir donner

le prénom (*ou* les prénoms) d (11)

lesdites déclaration et présentation faites en présence d (12)

Enfant légitime.

1e Déclaration faite par le père.

Lequel nous a déclaré que (9)   à (1) heure

du (2), est né à bord un enfant du sexe (8)   qu'il

nous a présenté, et auquel il a déclaré donner le prénom

(*ou* les prénoms) d (11)

lequel enfant est né de (10)   passagère,

demeurant, avant son embarquement, à (7)

(13)

arrondissement d   département d

lesdites déclaration et présentation faites en présence d (12)

(13) Épouse d
(*Prénoms, nom, profession et domicile du mari.*)

Ou veuve d   (*prénoms, nom, profession du mari*), décédé à
arrondissement d
département d

2e Déclaration faite par tout autre que le père.

lequel nous a déclaré que (9)   à (1) heure

du (2)   est né, à bord, un enfant du sexe (8)

qu'il nous a présenté, et auquel il a déclaré donner le prénom

(*ou* les prénoms) de (11)

se reconnaissant pour être le père de cet enfant, et l'avoir eu

de (10)

passagère, demeurant, avant son embarquement, à

arrondissement d   département

d

lesdites déclaration et présentation faites en présence de

(12)

Enfant naturel.

1° Reconnu par le père.

Lequel nous a déclaré que

demoiselle (10)

passagère, demeurant, avant son embarquement, à (14)

arrondissement d   département d

est accouchée à bord (9)   à (1) heure

du (2)   d'un enfant du sexe (8)

qu'il nous a présenté, et auquel est donné le prénom (*ou*

sont donnés les prénoms) de (11)

lesdites déclaration et présentation faites en présence de

(12)

(14) *Indiquer aussi le nom de la rue et du quartier, et le numéro de la maison qu'habitait la mère.*

2° Non reconnu par le père.

(15) *Voyez l'article 58 du Code civil (page 10).*
(16) *Si le déclarant ou les témoins (ou l'un d'eux) ne savait ou ne pouvait pas signer, porter :*
Les deux témoins, le déclarant ayant dit ne savoir écrire ni signer, ou ne pouvoir signer, attendu (*cause de l'empêchement*) ;
Ou le déclarant et par l'un des témoins, M.
second témoin, ayant dit ne savoir, etc.

En foi de quoi nous avons dressé, à la suite du rôle d'équipage dudit bâtiment, le présent acte de naissance, qui a été signé, après lecture (15), par nous, par (16)

A bord, les jour, mois et an que dessus.

NOTA. Les expéditions de cet acte à remettre à terre (*article 60 du Code civil, page 12*) seront transcrites sur des feuilles imprimées qui seront délivrées à cet effet à l'officier instrumentaire au départ du bâtiment (Voyez page 23.)

BÂTIMENTS
DE L'ÉTAT.

[N° 2.]

ACTE DE RECONNAISSANCE

D'un enfant naturel NÉ *ou* À NAÎTRE, *à dresser pendant un voyage de mer.*

NOTA. L'acte, pour un enfant NÉ, ne peut être dressé que lorsque la reconnaissance n'a pas été faite dans l'acte de naissance dudit enfant.

CEJOURD'HUI le (1)   du mois de   de l'an mil huit cent (1)

à (1)   heure   du (2)   étant à (3)   .

Par-devant nous (4)   officier d'administration

d   l

commandé par M.   et armé à   remplissant

à bord les fonctions d'officier de l'état civil,

(1) *En toutes lettres.*
(2) Matin ou du soir.
(3) *Endroit, parage ou hauteur où se trouve le bâtiment; s'il est mouillé, indiquer le nom du port, de la rade, etc.*
Si le bâtiment est mouillé sur une rade, et qu'il ne puisse ou ne doive pas communiquer avec la terre, ajouter :

Étant en relâche forcée, par suite de mauvais temps ou d'avaries, ou de la présence de l'ennemi ; mais ne pouvant communiquer avec la terre (parce que le bâtiment appareillera incessamment, ou par l'effet de ce mauvais temps), ou étant empêché, par l'effet du mauvais temps, de communiquer en ce moment avec la terre.
Si le bâtiment est dans un pays étranger où il n'existe pas d'agent français, remplacer le paragraphe précédent par celui-ci :

Où il n'existe pas d'agent français.
(*V. page 6 de l'Instruction.*)
(4) Prénoms et nom.
(5) *Si le capitaine est également chargé de la comptabilité, substituer à ce titre celui-ci :*

(*Grade au service*) capitaine dudit bâtiment, chargé également de la comptabilité du bord, et devant remplir, sous ce dernier rapport, les fonctions attribuées aux officiers d'administration ;
Ou, *en cas d'empêchement ou de mort de l'officier d'administration embarqué, porter :*

(*Grade au service*) remplissant, aux termes de l'article 607 du décret du 20 mai 1868, et d'après les ordres du capitaine, les fonctions d'officier d'administration, et ce, par suite de la mort du titulaire ;
Ou chargé, d'après les ordres du capitaine, de remplacer momentanément l'officier d'administration, lequel se trouve (*cause de l'empêchement*), ou lequel n'ayant pas l'âge requis par la loi pour remplir les fonctions d'officier instrumentaire.

NOTA. *Si l'enfant appartient à l'officier instrumentaire, l'acte serait à dresser par la personne qui doit remplacer cet officier en cas d'empêchement ou de mort.*
Dans cette hypothèse, on fera mention de cette circonstance dans l'acte, de la manière suivante :
Appelé, dans l'ordre de service, à remplacer M.   , qui est le père de l'enfant, etc.

(6) *Grade au service, profession, emploi à bord du déclarant ;*
Ou *profession de la déclarante, passagère à bord.*

(7) *Si c'est un officier ou un passager, le lieu qu'il indiquera ;*
Si c'est un marin, le nom de la division où il est immatriculé, le nom du quartier où il est inscrit en cette qualité ;
Si c'est un militaire, le lieu du domicile habituel de ses père et mère.

Est comparu (4)   (6)   âgé de (1) ans, né à

arrondissement d   département d

domicilié, avant son embarquement, à (7)   , arrondissement

d   , département d

(8) *Prénoms, noms, âges, grades, ou professions et domiciles (avant leur embarquement) des deux témoins, qui doivent être pris parmi les officiers du bâtiment, ou, à leur défaut, parmi les hommes de l'équipage.*
S'il n'y a qu'un officier qui, d'après son âge, puisse servir de témoin, ajouter après les prénoms, nom, grade, etc. du second témoin, pris parmi l'équipage à défaut d'un second officier :
À défaut d'un second officier à bord ayant l'âge requis par la loi;
Ou *s'il n'y a pas d'officiers à bord* ou *s'il n'y en a pas d'assez âgés :*
Témoins pris tous deux parmi les gens de l'équipage, à défaut d'officiers à bord; ou à défaut d'officiers ayant l'âge requis par la loi. (*Voir page 9 de l'Instruction.*)
(9) Son fils ou sa fille.
(10) *Prénoms et nom donnés à l'enfant dans son acte de naissance.*
(11) *Nom de la mère.*

(12) De père et mère inconnus;
Ou de (*prénoms, nom, etc. portés dans l'acte de naissance de l'enfant*), comme le déclare la comparante.

(13) De ladite demoiselle (11) et de père inconnu;
Ou dudit sieur (*nom*) et de mère inconnue;
Ou de père et mère inconnus.
(14) Que porte en ce moment, dans son sein;
Ou dont doit être accouchée en ce moment.
(15) *Si la mère de l'enfant réside à Paris ou dans une des grandes villes de France où il existe plusieurs arrondissements municipaux, indiquer, autant que possible, le nom de la rue ou du quartier qu'elle habite, afin de procurer les moyens de faire parvenir plus sûrement à l'officier de l'état civil l'acte de reconnaissance qu'il doit inscrire sur ses registres.*
(16) *Voyez l'article 38 du Code civil (page 10).*
(17) Le comparant;
Ou la comparante;
Ou les comparants et les témoins.
Si les uns ou les autres ne pouvaient signer, porter:
Le comparant ou, etc., et par l'un des témoins, M. , second témoin, ayant dit ne savoir écrire ni signer, ou ne pouvoir signer, attendu (*cause de l'empêchement*);
Ou : les deux témoins ayant dit ne savoir, etc.;
Ou : les deux témoins, le comparant ou la comparante ayant dit ne savoir, etc.

lequel, en présence d (8)   , témoins
a, par ces présentes, reconnu volontairement et librement pour s   (9
naturel (*ou* naturelle), (10)

né   de lui et de demoiselle (4)
demeurant à   , arrondissement d
département d   , le (1)   du mois d
l'an mil huit cent (1)   , et inscrit aux registres de l'état
civil de la commune d   , arrondissement
d   département d   , à la date du   } 1° Par le père.
, comme étant né   de ladite demoiselle (11) et de
père inconnu.

né le (1)   du mois d   de l'an mil huit cent (1)
et inscrit aux registres de l'état civil de la commune d
arrondissement d   , département   } 2° Par la mère.
d   , à la date du
comme étant né (12)

Sont comparus (4)   (6)
âgé de (1) ans, domicilié, avant son embarquement, à (7)   ,
arrondissement d   , département d   ; et demoiselle (4)
(6), passagère à bord, demeurant, avant
son embarquement a   , arrondissement d
département d   , lesquels n'étant point engagés
dans le mariage, ont, en présence de (8)   } Reconnaissance faite par le père et la mère.
témoins, déclaré reconnaître volontairement
et librement pour leur (9)   naturel
(*ou* naturelle) (10)   , né   le (1)   du mois d
de l'an mil huit cent (1)   , et inscrit   aux registres de
l'état civil de la commune d   , arrondissement
d   , département d   , à la date du
comme étant né d   (13)

Est comparu (4)   (6)
âgé de (1) ans, domicilié, avant son embarquement, à (7)
, arrondissement d   , département d   } Reconnaissance d'un enfant à naître.
lequel, en présence d   (8)
témoins, a déclaré reconnaître volontairement et librement
pour son enfant naturel celui (14)
demoiselle (4)   , demeurant à   (15)
arrondissement d   , département d

En foi de quoi nous avons dressé, à la suite du rôle d'équipage dudit bâtiment, le présent acte, qui a été signé, après lecture (16), par nous et par (17)

À bord, les jour, mois et an que dessus.

[N° 3.]

ACTE DE DÉCÈS

*A dresser pendant un voyage de mer, conformément à l'article 86
(livre Ier, titre II, chapitre IV) du Code civil.*

NOTA. Cet acte n'est à dresser, à bord, que lorsque l'identité du cadavre peut y
être constatée.

Il est alors à rédiger *dans les vingt-quatre heures qui suivent le décès* (même article).

(1) *En toutes lettres.*
(2) Matin ou du soir.
(3) *Endroit, parage ou hauteur où
se trouve le bâtiment ; s'il est mouillé,
indiquer le nom du port, de la rade, etc.*
*Si le bâtiment est mouillé sur une
rade, et qu'il ne puisse ou ne doive pas
communiquer avec la terre , ajouter:*
Étant en relâche forcée, par
suite du mauvais temps ou d'a-
varies, *ou de la présence de
l'ennemi ; mais ne pouvant communiquer avec la terre (parce
que le bâtiment appareillera incessamment, ou par l'effet de ce
mauvais temps*), ou étant empêché, par l'effet du mauvais
temps, de communiquer, en ce
moment, avec la terre.
*Si le bâtiment est dans un pays étran-
ger où il n'existe pas d'agent français,
remplacer le paragraphe précédent par
celui-ci :*
Où il n'existe pas d'agent
français.
(V. page 6 de l'Instruction.)
(4) *Prénoms et nom.*
(5) *Si le capitaine est également
chargé de la comptabilité, substituer à
ce titre celui-ci :*
(*Grade au service*) capitaine
dudit bâtiment, chargé également de la comptabilité du
bord, et devant remplir, sous
ce dernier rapport, les fonctions attribuées à l'officier d'administration ;
Ou, *en cas d'empêchement ou de
mort de l'officier d'administration embarqué, porter :*
(*Grade au service*) remplissant, aux termes de l'art. 607
du décret du 20 mai 1868, et
d'après les ordres du capitaine,
les fonctions d'officier d'administration, et ce, par suite de la
mort du titulaire;
Ou chargé, d'après les ordres
du capitaine, de remplacer momentanément l'officier d'administration, lequel se trouve
(*cause de l'empêchement*) ; ou lequel n'a pas l'âge requis par la
loi pour remplir les fonctions
d'officier instrumentaire.

NOTA. *Si l'enfant appartenait à l'officier instrumentaire, l'acte serait à dresser
par la personne qui doit remplacer cet officier en cas de mort ou de maladie.*
*Dans cette hypothèse, on fera mention
de cette circonstance dans l'acte, de la
manière suivante :*
Appelé, dans l'ordre du service, à
remplacer M.   , qui est le père
de l'enfant.

CEJOURD'HUI le (1)   du mois d   de l'an mil huit cent (1)   ,
à (1)   heure   de (2), a (3)

Nous (4)
officier d'administration   (5)
l   .   , commandé par M.

remplissant à bord les fonctions d'officier de l'état civil, en vertu de l'article 86 (livre Ier, titre II, chapitre IV) du Code civil;

(6) *Prénoms, noms, âges, grades ou professions et domiciles (avant leur embarquement) des deux témoins, qui doivent être pris parmi les officiers du bâtiment, ou, à leur défaut, parmi les hommes de l'équipage. (Article 86, page 8.)*

S'il n'y a qu'un officier qui, d'après son âge, puisse servir de témoin, ajouter après les prénoms, nom, grade, etc. du témoin pris parmi l'équipage à défaut d'un second officier :

A défaut d'un second officier à bord ayant l'âge requis par la loi;

Ou, s'il n'y a pas d'officier à bord, ou s'il n'y en a pas d'assez âgés :

Témoins pris tous deux parmi les gens de l'équipage, à défaut d'officiers à bord, ou à défaut d'officiers ayant l'âge requis par la loi. (Voyez page 9 de l'Instruction.)

(7) *Si c'est un officier, le lieu qu'il indiquera;*

Si c'est un marin, le nom de la division où il est immatriculé, le nom du quartier où il est inscrit en cette qualité;

Si c'est un militaire, le lieu du domicile habituel de sa femme, s'il est marié; ou celui de ses père et mère, s'il est célibataire.

(8) Age, grade ou profession.

(9) *Si l'individu décédé demeurait, avant son embarquement, à Paris ou dans une des grandes villes de France où il existe plusieurs arrondissements municipaux, rappeler, autant que possible, le quartier ou la rue qu'il habitait, afin de procurer les moyens de faire parvenir plus sûrement à l'officier de l'état civil l'acte de décès, que celui-ci doit inscrire sur ses registres.*

(10) Célibataire ou marié à (4). Ou veuf d (4).

(11) *Si c'est un officier ou un marin au service de l'État, indiquer le port ou le bâtiment d'où provenait l'officier, ou, pour le marin, la division et le numéro d'immatriculation, ou le quartier, folio et numéro d'inscription; si c'est un militaire, le numéro du régiment, du bataillon et de la compagnie.*

(12) Ne point indiquer la cause ou le genre de la mort. (Voyez page 11 de l'Instruction et le modèle ci-après, n° 4.)

(13) Hier ou aujourd'hui.

(14) *Dans les cas prévus par l'instruction, cet acte ne doit être dressé qu'après remise faite par le médecin-major, ou par l'officier principal de quart, du procès-verbal constatant les circonstances de la mort. (Voyez les modèles B, C, D et E, pages 40 à 43.)*

(15) Voyez l'article 38 du Code civil, page 19.

(16) *Si l'un des témoins ou les deux témoins ne savaient pas ou ne pouvaient pas signer, on portera :*

L'un des témoins, M. ayant déclaré ne savoir écrire ni signer ou ne pouvoir signer, attendu (*cause de l'empêchement*);

Ou, les deux témoins ayant déclaré ne savoir écrire ni signer, ou ne pouvoir signer, attendu (*cause de l'empêchement*).

En présence de M. (6)   , âgé de (1) ans,

domicilié, avant son embarquement, à (7)   arrondissement d

département d

Et de M. (6)   âgé de (1)   ans, domicilié,

avant son embarquement, à (7)   , arrondissement

d   département d   , appelés comme témoins;

déclarons et attestons, après avoir constaté l'identité du cadavre, que (4, 8)

fils de (ou de feu) }

et de (ou de feue) }   Nota. *Indiquer, autant que possible, leur profession et leur domicile.*

né le   mil huit cent (1)

a   , arrondissement d

département d

domicilié, avant son embarquement, à (9)

arrondissement d   , département d

(10)

inscrit sur le rôle d'équipage sous le n°

(11)

est décédé à bord (12)   (13)

à (1)   heure   du (2)

En foi de quoi, nous avons dressé, à la suite du rôle d'équipage dudit bâtiment, le présent acte de décès (14), qui a été signé, après lecture (15), par nous et par (16)

A bord, les jour, mois et an que dessus.

Nota. Les expéditions de cet acte à remettre à terre (*art. 87 du Code civil, page 13*) seront transcrites sur des feuilles imprimées, qui seront délivrées à cet effet à l'officier instrumentaire, au départ du bâtiment. (Voyez page 23.)

BÂTIMENTS
DE L'ÉTAT.

[N° 4.]

ACTE

A dresser au bas de l'acte de décès, dans les cas prévus
par l'Instruction. (Page 11.)

> NOTA. Cet acte doit être inscrit sur le rôle d'équipage immédiatement après les signatures apposées au bas de l'acte de décès.
>
> On rappelle que les expéditions du présent acte, qui sont à délivrer séparément et de la même manière que celles des actes de décès, ne peuvent jamais, comme ces dernières, être transmises aux officiers de l'état civil : elles restent déposées, *pour renseignements,* dans les bureaux de l'administration de la marine.

(1) *En toutes lettres.*

(2) *Prénoms et nom.*

(3) *Grade au service.*
(4) Médecin - major *ou* officier principal de quart à bord dudit bâtiment.

(5) *Nom de l'individu décédé désigné dans l'acte précédent* (n° 3).
(6) Est décédé par suite de blessures qu'il a reçues le dans l'échouage ou le démâtage du bâtiment (*ou tout autre événement de mer*) ;
Ou dans le combat soutenu par ledit bâtiment contre (*nom et nation du bâtiment ennemi*);
Ou par suite de la fièvre jaune (*ou de toute autre maladie épidémique*);
Ou a été tué dans le combat soutenu par ledit bâtiment, etc. ;
Ou, s'il y a des indices de mort violente, les indiquer en rappelant la date du procès-verbal qui les constate (*modèle E, page 43*).

IL résulte du procès-verbal à nous remis, et dressé à bord, le (1)
du mois d   de l'an mil huit cent (1)   , par M. (2)

(3)   (4)

que le sieur (5)
dénommé dans l'acte précédent

(7) *Ce sont les personnes qui ont déjà signé l'acte de décès.*

Et, pour que foi puisse être ajoutée au présent exposé, que nous cer-
tifions sincère et véritable, nous l'avons signé, après lecture, avec
MM. (7)   (et, *s'il y a lieu,* avec MM.   , qui, ayant signé le
procès-verbal dont il s'agit, n'ont pas dû être appelés à la rédaction de
l'acte de décès).

A bord, les jour, mois et an que dessus.

BATIMENTS
DE L'ÉTAT.

[N° 5.]

ACTE

A dresser pendant un voyage de mer, pour constater qu'un enfant, dont la naissance n'a pas été enregistrée, a été présenté sans vie.
(Décret du 4 juillet 1806.)

(1) *En toutes lettres.*

(2) *Matin ou du soir.*

(3) *Endroit, parage ou hauteur où se trouve le bâtiment. S'il est mouillé, indiquer le nom du port ou de la rade. Si le bâtiment est mouillé sur une rade, et qu'il ne puisse ou ne doive pas communiquer avec la terre, ajouter :*

    Étant en relâche forcée, par suite de mauvais temps ou d'avaries, ou de la présence de l'ennemi, mais ne pouvant communiquer avec la terre (parce que le bâtiment appareillera incessamment, ou par l'effet de ce mauvais temps), ou étant empêché, par l'effet du mauvais temps, de communiquer en ce moment avec la terre.

Si le bâtiment est dans un pays étranger où il n'existe pas d'agent français, remplacer le paragraphe précédent par celui-ci :

    Où il n'existe pas d'agent français.
    (V, *page 6 de l'Instruction.*)

(4) *Prénoms et nom.*

(5) *Si le capitaine est également chargé de la comptabilité, substituer à ce titre celui-ci :*

    (Grade au service), capitaine dudit bâtiment, chargé également de la comptabilité du bord, et devant remplir, sous ce dernier rapport, les fonctions attribuées à l'officier d'administration.

Ou en cas d'empêchement ou de mort de l'officier d'administration, porter :

    (Grade au service) remplissant, aux termes de l'art. 607 du décret du 20 mai 1868, et d'après les ordres du capitaine, les fonctions d'officier d'administration, et ce, par suite de la mort du titulaire ;

    Ou chargé, d'après les ordres du capitaine, de remplacer momentanément l'officier d'administration, lequel se trouve (cause de l'empêchement), ou lequel n'a pas l'âge requis par la loi pour remplir les fonctions d'officier instrumentaire.

    NOTA. *Si l'enfant appartenait à l'officier instrumentaire, l'acte serait à dresser par la personne qui doit remplacer cet officier en cas de mort ou d'empêchement. Dans cette hypothèse, on fera mention de cette circonstance dans l'acte de la manière suivante :*
    Appelé, dans l'ordre du service, à remplacer M. , qui est le père de l'enfant, etc.

(6) *Grade au service, profession, emploi à bord, etc.*

(7) *Si c'est un officier ou un passager, le lieu qu'il indiquera ; Si c'est un marin, le nom de la division où il est immatriculé ou le nom du quartier où il est inscrit en cette qualité ; Si c'est un militaire, le lieu du domicile habituel de sa femme. Dans le cas où le déclarant serait le père de l'enfant, et s'il demeurait, avant son embarquement, à Paris ou dans une des grandes villes de France où il existe plusieurs arrondissements municipaux, rappeler, autant que possible, le nom de la rue ou du quartier qu'il habitait, afin de procurer les moyens de faire parvenir plus sûrement l'acte à l'officier de l'état civil de l'arrondissement indiqué par le père.*

CEJOURD'HUI le (1)   du mois d   de l'an mil huit cent (1)
à (1)   heure   du (2)   , étant à (3)

Par-devant nous (4)   , officier d'administration
de la marine, embarqué (5) sur l
commandé par M.   , et armé à   remplissant
à bord les fonctions d'officier de l'état civil,

Est comparu (4)   (6)   âgé de (1)   ans, domicilié,
avant son embarquement, à (7)   , arrondissement d
département d

10

Lequel, en présence d (8)

témoins, nous a présenté sans vie un enfant du sexe (9) et nous a déclaré que

Son épouse (10)
passagère à bord, y est accouchée de cet enfant, qui est sorti du sein de sa mère le (1)   du mois d   de l'an mil huit cent (1)   , à (1)   heure du (2)

} 1° Si le père est présent.

Dame (10)   , passagère à bord, demeurant, avant son embarquement, à (7)   , arrondissement d   , département d   , femme légitime d (4)   (11)
y est accouchée de cet enfant, qui est sorti du sein de sa mère le   (1)   du mois d   de l'an mil huit cent (1)   , à (1)   heure du (2)

} 2° Si le père est absent ou mort.

Demoiselle (10)   ; passagère à bord, demeurant, avant son embarquement, à (7)   , arrondissement d   , département d   , y est accouchée de cet enfant, qui est sorti du sein de sa mère le (1)   du mois d   de l'an mil huit cent (1)   , à (1)   heure du (2)

} 3° Si c'est un enfant naturel.

En foi de quoi nous avons dressé, à la suite du rôle d'équipage dudit bâtiment, le présent acte, qui a été signé par (12) et par nous, après leur en avoir donné lecture (13).

A bord, les jour, mois et an que dessus.

[N° 6.]

NOTA. Ce procès-verbal ne peut tenir lieu d'acte de décès ni servir à dresser d'acte de décès.

PROCÈS-VERBAL

A dresser
{
pendant le cours d'un voyage de mer,

après un combat,

dans les ports et rades du royaume, des colonies ou

des pays étrangers,
}

dans le cas où un individu disparaîtrait du bord, par suite d'un

événement quelconque.

---

(1) En toutes lettres.

(2) Matin ou du soir.

(3) Endroit, parage ou hauteur où se trouve le bâtiment. S'il est mouillé (ou amarré), indiquer le nom du port, de la rade, etc.

(4) Prénoms et nom.

(5) Si le capitaine est également chargé de la comptabilité, substituer à ce titre celui-ci :

(Grade au service) capitaine dudit bâtiment, chargé également de la comptabilité du bord ;

Ou, en cas d'empêchement ou de mort de l'officier d'administration embarqué, porter :

(Grade au service) remplissant, aux termes de l'art. 607 du décret du 20 mai 1868, et d'après les ordres du capitaine, les fonctions d'officier d'administration, et ce, par suite de la mort du titulaire ;

Ou chargé, d'après les ordres du capitaine, de remplacer momentanément l'officier d'administration, lequel se trouve (cause de l'empêchement).

(6) Prénoms, noms, grades ou profession des personnes (ou de la personne) qui ont donné l'avis de l'événement.

(7) Grade au service, profession, emploi à bord, etc.

(8) Si l'individu disparu demeurait, avant son embarquement, à Paris ou dans une des grandes villes de France où il existe plusieurs arrondissements municipaux, rappeler, autant que possible, le nom du quartier ou de la rue qu'il habitait.

(9) Si c'est un officier ou un marin au service de l'État, indiquer le port ou le bâtiment d'où provient l'officier, ou pour le marin, la division, le numéro d'immatriculation ou le quartier, folio et numéro d'inscription; si c'est un militaire, le numéro du régiment, du bataillon et de la compagnie.

(10) Déclaration textuelle des témoins de l'événement, sur ses causes et ses circonstances, et, s'il y a lieu, sur les moyens employés pour secourir l'individu disparu.

NOTA. S'il est tombé à la mer, relater avec soin si l'événement a eu lieu en vue ou hors de vue des côtes ou de bâtiments ou navires.

(11) Indiquer, s'il est possible, le nom du bâtiment ennemi et la nation à laquelle il appartient, ou, au moins, le pavillon de la nation sous lequel ce bâtiment a combattu.

CEJOURD'HUI le (1)   du mois d   de l'an mil huit cent (1)   ,
à (1)   heure du (2)   , étant à (3)
Par-devant nous (4)   officier d'administration (5)   d
l   commandé par

comparu (6)
l   quel   nous   déclaré que   (4)   (7)   , fils
de   (ou de feu) et de   (ou de feue), âgé
de (1)   ans, né à   , arrondissement d
département d   , domicilié, avant son embarquement, à (8)   , arrondissement d
département d   , inscrit sur le rôle d'équipage
(9)
(10)

} 1° Pendant le cours du voyage ou dans les ports et rades.

Après la cessation du combat que vient de soutenir ce bâtiment contre (11)
comparu (6)
le   quel   nous   déclaré que (4, 7)   , fils
de   (ou de feu) et de   (ou de feue),
âgé de (1)   ans, né à   arrondissement d
département d   , domicilié, avant son embarquement, à (8)   , arrondissement d
département d   , inscrit sur le rôle d'équipage
sous le n° (9, 10)

} 2° Après un combat, s'il y a des témoins de l'événement.

Nous (4)   , officier d'administration
de la marine, embarqué (5)   sur le, etc.

Après la cessation du combat que vient de soutenir ce bâtiment contre (1 1)   , ayant, d'après l'ordre
du capitaine, et aux termes de l'article 635 du décret du
20 mai 1868, fait l'appel de l'équipage, en présence de
M. (4)   (7)   , officier en second,

Avons reconnu que (4)   (7)   fils de (ou de feu)
et de (ou de feue),   âgé de (1)   ans, né à
arrondissement d   , département d
domicilié, avant son embarquement, à (8)   , arrondissement d   , département d   ,
inscrit sur le rôle d'équipage sous le n° (9 et 10)   ,
n'existe ni parmi les hommes valides, ni parmi les blessés
et les morts, et nous déclarons qu'aucun individu de l'équipage n'a pu donner des renseignements sur les causes de sa
disparition du bord.

3° Après le com-
bat, s'il n'y a pas
de témoins de
l'événement.

Et, pour constater l'événement dont il s'agit, nous avons dressé, sur le
rôle d'équipage, à la suite des actes de l'état civil, le présent procès-verbal,
qui a été signé par (1 2)   et par nous, après leur en avoir donné
lecture (1 3).

Ledit procès-verbal ne peut tenir lieu d'acte de décès ni servir à rédiger
d'acte de décès.

A bord, les jour, mois et an que dessus.

(12) Si les témoins (ou l'un d'eux)
ne savaient, ou ne pouvaient pas signer,
on portera :
  L'un des témoins, M. (4),
ayant déclaré ne savoir écrire
ni signer, ou ne pouvoir signer,
attendu (cause de l'empêchement);
  Ou les deux témoins ayant
déclaré, etc.
S'il n'y a point de témoins de l'événement, porter :
  Par M. (nom de l'officier en
second), et par nous, après lui
en avoir donné lecture.

(13) Voyez l'article 38 du Code
civil (page 10).

[N° 7.]

ACTE DE NAISSANCE

*A dresser pendant un voyage de mer, conformément à l'article 59
(livre Ier, titre II, chapitre II) du Code civil.*

(1) *En toutes lettres.*
(2) *Matin ou du soir.*
(3) *Endroit, parage ou hauteur où se trouve le navire; s'il est mouillé, indiquer le nom du port, de la rade, etc.;*
Si le navire est mouillé sur une rade, et qu'il ne puisse ou ne doive pas communiquer avec la terre, ajouter :
    Étant en relâche forcée, par suite de mauvais temps ou d'avaries, ou de la présence de l'ennemi, mais ne pouvant communiquer avec la terre (parce que le navire appareillera incessamment, ou par l'effet de ce mauvais temps), ou étant empêché, par l'effet du mauvais temps, de communiquer en ce moment avec la terre;
Si le navire est dans un pays étranger où il n'existe pas d'agent français, remplacer le paragraphe précédent par celui-ci :
    Où il n'existe pas d'agent français.
    (Voir *page 6 de l'Instruction.*)
(4) *Prénoms et nom.*
(5) *Grade au service, profession, etc.*
(6) *On (4, 5) appelé, dans l'ordre du service, à remplacer M. (4), capitaine (maître ou patron) d qui est mort ou (cause de l'empêchement), ou M. (4, 5), qui remplit les fonctions de capitaine (maître ou patron), attendu , ledit n'ayant pas l'âge voulu par la loi pour exercer les fonctions d'officier instrumentaire.*

NOTA. *Si l'enfant appartenait à l'officier instrumentaire, l'acte serait à dresser par la personne qui doit le remplacer en cas de mort ou d'empêchement.*
Dans cette hypothèse, on fera mention de cette circonstance dans l'acte de la manière suivante :
    Appelé, dans l'ordre du service, à remplacer M. , qui est le père de l'enfant, etc.

(7) *Si c'est un officier ou un passager, le lieu qu'il indiquera;*
Si c'est un marin, le nom de la division d'immatriculation ou le nom du quartier où il est inscrit en cette qualité;
Si c'est un militaire, le lieu du domicile habituel de sa femme.
Dans le cas où le déclarant serait le père de l'enfant, et s'il demeurait, avant son embarquement, à Paris ou dans une des grandes villes de France où il existe plusieurs arrondissements municipaux, rappeler, autant que possible, le nom de la rue ou du quartier qu'il habite, afin de procurer les moyens de faire parvenir plus sûrement l'acte de naissance de l'enfant légitime ou naturel à l'officier de l'état civil de l'arrondissement indiqué par le père.

CEJOURD'HUI le (1)   du mois d   de l'an mil huit cent (1)
à (1)   heure   du (2)   , étant à (3)

Par-devant nous (4)
(5)
capitaine (maître *ou* patron), (6)
d   l   du port d
tonneaux, appartenant à MM.   , et armé à

et remplissant à bord les fonctions d'officier de l'état civil, en vertu de l'article 59 (livre Ier, titre II, chapitre II) du Code civil,

    Est comparu (4)   (5)   , âgé de (1)   ans, domicilié, avant son embarquement, à   (7), arrondissement d département d

(8) Masculin ou féminin.
(9) Hier ou aujourd'hui.
(10) Prénoms et nom, âge et profession de la mère.

Lequel nous a présenté un enfant du sexe (8)
né à bord (9),   à (1)   heure
du (2),   , de lui déclarant et de (10)

son épouse, passagère, et auquel il a déclaré vouloir donner
le prénom (ou les prénoms) d (11)

(11) Prénoms donnés à l'enfant.

NOTA. Les noms en usage dans les différents calendriers et ceux des personnages connus de l'histoire ancienne peuvent seuls être reçus comme prénoms sur les registres de l'état civil destinés à constater la naissance des enfants, et il est interdit aux officiers publics d'en admettre aucun autre dans leurs actes. (Art. 1er de la loi du 1er avril 1803 11 germinal an XI.)

(12) Prénoms, noms, âges, grades ou professions et domiciles (avant leur embarquement) des deux témoins, qui doivent être pris parmi les officiers du navire, ou, à leur défaut, parmi les hommes de l'équipage (art. 59, pag. 8).
S'il n'y a qu'un officier qui, d'après son âge, puisse servir de témoin, ajouter, après les prénoms, nom, grade, etc. du témoin pris parmi l'équipage à défaut d'un second officier :
A défaut d'un second officier à bord ayant l'âge requis par la loi ;
Ou s'il n'y a pas d'officiers à bord, s'il n'y en a pas d'assez âgés :
Témoins pris tous deux parmi les gens de l'équipage, à défaut d'officiers à bord, ou à défaut d'officiers ayant l'âge requis par la loi. (Voyez page 9 de l'Instruction.)

lesdites déclaration et présentation faites en présence d
(12)

Lequel nous a déclaré que (9)   , à (1)   heure
du (2)   , est né à bord un enfant du sexe (8),   , qu'il
nous a présenté, et auquel il a déclaré donner le prénom
(ou les prénoms) d (11)
lequel enfant est né de (10)   , passagère,
demeurant, avant son embarquement, à (7)
arrondissement d   département d
(13)

(13) Épouse d
(Prénoms, nom, profession et domicile du mari.)
Ou veuve d   (prénoms, nom, profession du mari), décédé à
, arrondissement d
département d

2° Déclaration
faite par tout autre
que le père.

lesdites déclaration et présentation faites en présence d
(12)

Lequel nous a déclaré que (9)   à (1)   heure

Enfant naturel.

du (2)   , est né à bord un enfant du sexe (8)
qu'il nous a présenté, et auquel il a déclaré donner le prénom
(*ou* les prénoms) de (11)

se reconnaissant pour être le père de cet enfant, et l'avoir
eu de (10)

*1° Reconnu
par le père.*

passagère, demeurant, avant son embarquement, à
arrondissement d   , département d

lesdites déclaration et présentation faites en présence de
(12)

Lequel nous a déclaré que demoiselle (10)

(14) *Indiquer aussi le nom de la
rue et du quartier, et le numéro de la
maison qu'habitait la mère.*

passagère, demeurant, avant son embarquement, a (14)
arrondissement d   , département d

*2° Non reconnu
par le père.*

est accouchée à bord (9)   , à (1) heure
du (2)   d'un enfant du sexe (8)
qu'il nous a présenté, et auquel est donné le prénom (*ou* sont
donnés les prénoms) de (11)
lesdites déclaration et présentation faites en présence de
(12)

En foi de quoi nous avons dressé, à la suite du rôle d'équipage dudit

(15) *Voyez l'article 38 du Code
civil (page 10).*
(16) *Si le déclarant ou les témoins
(ou l'un d'eux) ne savaient ou ne pouvaient signer, porter :*
Par les deux témoins, le déclarant ayant dit ne savoir
écrire ni signer, ou ne pouvoir
signer, attendu (*cause de l'empêchement*);
Ou : le déclarant et par un
des témoins, M.   ,
second témoin, ayant dit ne
savoir, etc.
Ou : le déclarant, les deux
témoins ayant dit, etc.

navire, le présent acte de naissance, qui a été signé, après lecture (15),
par nous et par (16)

A bord, les jour, mois et an que dessus.

NOTA. Les expéditions de cet acte à remettre à terre (*art. 60 du Code civil,
page 12*) seront transcrites sur les feuilles imprimées qui seront délivrées à cet effet
à l'officier instrumentaire au départ du navire. (*Voyez page 23.*)

[N° 8.]

ACTE DE RECONNAISSANCE

D'un Enfant naturel, NÉ ou À NAÎTRE, à dresser pendant un voyage de mer.

NOTA. L'acte pour un enfant né ne peut être dressé que lorsque la reconnaissance n'a pas été faite dans l'acte de naissance dudit enfant.

(1) *En toutes lettres.*
(2) *Matin ou du soir.*
(3) *Endroit, parage ou hauteur où se trouve le navire; s'il est mouillé, indiquer le nom du port, de la rade, etc.;*
Si le navire est mouillé sur une rade, et qu'il ne puisse ou ne doive pas communiquer avec la terre, ajouter :
Étant en relâche forcée, par suite de mauvais temps ou d'avaries, ou de la présence de l'ennemi, mais ne pouvant communiquer avec la terre (soit parce que le navire appareillera incessamment, ou par l'effet de ce mauvais temps), ou étant empêché, par l'effet du mauvais temps, de communiquer en ce moment avec la terre.
Si le navire est dans un pays étranger où il n'existe pas d'agent français, remplacer le paragraphe précédent par celui-ci :
Où il n'existe pas d'agent français.
(V. page 6 de l'Instruction.)

CEJOURD'HUI le (1)   du mois d   de l'an mil huit cent (1)
à (1)   heure   du (2), étant a (3)

(4) *Prénoms et nom.*
(5) *Grade au service.*
(6) *On (4, 5) appelé, dans l'ordre du service, à remplacer M. (4), capitaine (maître ou patron) d   , qui est mort ou (cause de l'empêchement), ou M. (4, 5), qui remplit les fonctions de capitaine (maître ou patron), attendu que ledit n'a pas l'âge requis par la loi pour exercer les fonctions d'officier instrumentaire.*

NOTA. *Si l'enfant appartenait à l'officier instrumentaire, l'acte serait à dresser par la personne qui doit le remplacer en cas de mort ou d'empêchement.*
Dans cette hypothèse, on fera mention de cette circonstance dans l'acte, de la manière suivante :
Appelé, dans l'ordre du service à remplacer M.   , qui est le père de l'enfant , etc.

Par-devant nous   (4)   (5)   capitaine (maître ou patron) (6)
d   l   du port de   tonneaux,
appartenant à MM.   , et armé a

et remplissant à bord les fonctions d'officier de l'état civil,

(7) *Profession, emploi à bord, du père,*
Ou profession de la mère, passagère à bord.
(8) *Si c'est un officier ou un passager, le lieu qu'il indiquera :*
Si c'est un marin, la division d'immatriculation ou le nom du quartier où il est inscrit en cette qualité;
Si c'est un militaire, le lieu du domicile habituel de ses père et mère.

Est comparu   (4)   (5)   (7)   , âgé de (1)   ans,
né à   , arrondissement d   , département
d   , domicilié. avant son embarquement, à (8)   ,
arrondissement d   , département d   ; lequel,

(9) *Prénoms, noms, âges, grades ou professions et domiciles (avant leur embarquement) des deux témoins, qui doivent être pris parmi les officiers du navire, ou, à défaut, parmi les hommes de l'équipage.*
S'il n'y a qu'un officier qui, d'après son âge, puisse servir de témoin, ajouter après les prénoms, nom, grade, etc. du témoin pris parmi l'équipage à défaut d'un second officier :
  À défaut d'un second officier à bord ayant l'âge requis par la loi;
  Ou, s'il n'y a pas d'officiers à bord ou s'il n'y en a pas d'assez âgés :
  Témoins pris tous deux parmi les gens de l'équipage, à défaut d'officiers à bord; ou à défaut d'officiers ayant l'âge requis par la loi. (Voy. *page 9 de l'Instruction.*)
(10) *Son fils ou sa fille.*
(11) *Prénoms et nom donnés à l'enfant dans son acte de naissance.*
(12) *Nom de la mère.*

en présence de (9)   , témoins, a, par ces présentes, reconnu volontairement et librement pour s (10)
naturel (*ou* naturelle), (11)
né   de lui et de demoiselle (4)   ,
demeurant à   , arrondissement d   ,
département d   , le (1) du mois d
de l'an mil huit cent (1)   , et inscrit aux registres de } 1° Par le père.
l'état civil de la commune d   , arrondissement
d   , département d   , à la date
du   , comme étant né   de ladite demoiselle (12) et
de père inconnu.

------

(13) *De père et mère inconnus,*
Ou de (prénoms, nom, etc. portés dans l'acte de naissance de l'enfant) comme le déclare la comparante.

né   le (1)   du mois d   de l'an mil huit cent (1)   ,
et inscrit   aux registres de l'état civil de la commune d
arrondissement d   , département d   , } 2° Par la mère.
à la date du   , comme
étant né   (13)

Sont comparus   (4)   (5)   (7)
âgé de   (1)   ans, domicilié, avant son embarquement,
à (8)   , arrondissement d   , département d   ,
et demoiselle (4)   , passagère à bord, demeurant, avant
son embarquement, à (8)   , arrondissement
d   , département d   ,
lesquels, n'étant point engagés dans le mariage, ont, en } Reconnaissance faite par le père et la mère.
présence de (9)   , témoins, déclaré reconnaître
volontairement et librement pour leur (10)
naturel (*ou* naturelle) (11)   , né   le (1)
et inscrit   aux registres de l'état civil de la commune

(14) *De ladite demoiselle (12) et de père inconnu,*
  Ou dudit s'   , et de mère inconnue ,
  Ou de père et mère inconnus.
(15) *Que porte en ce moment dans son sein,*
  Ou dont doit être accouchée en ce moment.
(16) *Si la mère de l'enfant réside à Paris ou dans une des grandes villes de France où il existe plusieurs arrondissements municipaux, indiquer, autant que possible, le nom de la rue et du quartier qu'elle habite, afin de procurer les moyens de faire parvenir plus sûrement à l'officier de l'état civil l'acte de reconnaissance qu'il doit inscrire sur ses registres.*
(17) *Voyez l'article 38 du Code civil (page 10).*
(18) *Le comparant, ou la comparante, ou les comparants, et les témoins.*
  Si les uns ou les autres ne pouvaient écrire ou signer, porter :
  Le comparant ou la comparante, et par l'un des témoins, M.   , second témoin, ayant dit ne savoir écrire ni signer, ou ne pouvoir signer, attendu (cause de l'empêchement);
  Ou les deux témoins ayant dit ne savoir, etc.
  Ou les deux témoins, le comparant ou la comparante ayant dit ne savoir, etc.

d   , arrondissement d   , département d   ,
à la date du   , comme étant né   d   (14). }

Est comparu (4)   (5)   (7)
âgé de (1)   ans, domicilié, avant son embarquement,
à (8)   , arrondissement d   , département
d   , lequel, en présence d   (9)   , } Reconnaissance d'un enfant à naître.
témoins, a déclaré reconnaître volontairement et librement
pour son enfant naturel celui (15)
            demoiselle (4, 7)
demeurant à (16)   , arrondissement d   ,
département d

En foi de quoi nous avons dressé, à la suite du rôle d'équipage dudit navire, le présent acte, qui a été signé, après lecture (17), par nous et par (18)

A bord, les jour, mois et an que dessus.

(1) *En toutes lettres.*
(2) *Matin ou du soir.*
(3) *Endroit, parage ou hauteur où se trouve le navire. S'il est mouillé, indiquer le nom du port, de la rade, etc.*
Si le navire est mouillé sur une rade, et qu'il ne puisse on ne doive pas communiquer avec la terre, ajouter :
Étant en relâche forcée, par suite de mauvais temps ou d'avaries ou de la présence de l'ennemi, mais ne pouvant communiquer avec la terre (parce que le navire appareillera incessamment, ou par l'effet de ce mauvais temps), ou étant empêché, par l'effet du mauvais temps, de communiquer en ce moment avec la terre.
Si le navire est dans un pays étranger où il n'existe pas d'agent français, remplacer le paragraphe précédent par celui-ci :
Où il n'existe pas d'agent français.
(*V. page 6 de l'Instruction.*)
(4) *Prénoms et nom.*
(5) *Grade au service.*
(6) *Ou* (4-5) *appelé, dans l'ordre du service, à remplacer M.* (4), *capitaine (maître ou patron) audit navire, qui est mort, ou (cause de l'empêchement), ou M.* (4-5), *qui remplit les fonctions de capitaine (maître ou patron) attendu* , *ledit n'ayant pas l'âge voulu pour exercer les fonctions d'officier instrumentaire.*
Nota. Si l'enfant appartenait à l'officier instrumentaire, l'acte serait à dresser par la personne qui doit le remplacer en cas de mort ou d'empêchement.
Dans cette hypothèse, on fera mention de cette circonstance dans l'acte, de la manière suivante :
Appelé, dans l'ordre du service, à remplacer M. , *qui est le père de l'enfant, etc.*
(7) *Prénoms, noms, âges, grades ou professions et domiciles (avant leur embarquement) des deux témoins, qui doivent être pris parmi les officiers du navire, ou, à défaut, parmi les hommes de l'équipage.*
S'il n'y a qu'un officier qui, d'après son âge, puisse servir de témoin, ajouter après les prénoms, nom, grade, etc. du témoin pris parmi l'équipage à défaut d'un second officier :
A défaut d'un second officier à bord ayant l'âge requis par la loi ;
Ou, s'il n'y a pas d'officiers à bord, ou s'il n'y en a pas d'assez âgés :
Témoins pris tous deux parmi les gens de l'équipage, à défaut d'officiers à bord, ou à défaut d'officiers ayant l'âge requis par la loi. (*V. page 9 de l'Instruction.*)
(8) *Si c'est un officier, le lieu qu'il indiquera ;*
Si c'est un marin, la division d'immatriculation ou le nom du quartier où il est inscrit en cette qualité ;
Si c'est un militaire, le lieu du domicile habituel de sa femme, s'il est marié ; ou de ses père et mère, s'il est célibataire.
(9) *Si l'individu décédé demeurait, avant son embarquement, à Paris ou dans une des grandes villes de France où il existe plusieurs arrondissements municipaux, rappeler, autant que possible, le quartier ou la rue qu'il habitait, afin de procurer les moyens de faire parvenir plus sûrement à l'officier de l'état civil l'acte de décès, que celui-ci doit inscrire sur ses registres.*
(10) *Célibataire ou marié à* (4), *ou veuf d* (4).

[N° 9.]

ACTE DE DÉCÈS

A dresser pendant un voyage de mer, conformément à l'article 86 (livre Ier, titre II, chapitre IV) du Code civil.

NOTA. Cet acte n'est à dresser à bord que lorsque l'identité du cadavre peut être constatée.
Il est alors à rédiger *dans les vingt-quatre heures qui suivront le décès* (article 86 du Code civil).

———

CEJOURD'HUI le (1)   du mois d   de l'an mil huit cent (1)   ,
à (1)   heure   du (2)   , étant à (3)

Nous (4)   (5)   capitaine (maître *ou* patron),
(6)   *l*
du port de   tonneaux, appartenant à MM.
et armé à   , et remplissant à bord les fonctions
d'officier de l'état civil, en vertu de l'article 86 (livre Ier, titre II, chapitre IV du Code civil);

En présence de M. (7)   , âgé de (1)   ans   ,
domicilié, avant son embarquement, à (8)   , arrondissement d   ,
département d
Et M. (7)   , âgé de (1)   ans, domicilié, avant son
embarquement, à (8)   , arrondissement d   ,
département d
appelés comme témoins,

déclarons et attestons, après avoir constaté l'identité du cadavre, que (4),
fils de   (*ou de feu*) } *Indiquer, autant que possible, leur profession et leur domicile*
et de   (*ou de feue*) }
né le   mil huit cent (1)
à   arrondissement d
département d
domicilié, avant son embarquement, à (9)
arrondissement d   , département d.

(10)

(11) *Si c'est un officier ou un marin indiquer pour l'officier le port ou le bâtiment d'où il provient ; et pour le marin, la division et le numéro d'immatriculation, ou bien le quartier, le folio et le numéro d'inscription ; si c'est un militaire, le numéro du régiment, du bataillon et de la compagnie.*

(12) *Ne point indiquer la cause ou le genre de la mort.* (V. p. 11 de l'Instruction.)

(13) *Hier ou aujourd'hui.*

inscrit sur le rôle d'équipage

(1 1)

est décédé à bord (1 2)

(1 3)   , à (1)   heure   du (2)

En foi de quoi nous avons dressé, à la suite du rôle d'équipage dudit navire, le présent acte de décès (1 4), qui a été signé, après lecture, par nous et (1 5)

(14) *Voyez l'article 88 du Code civil (page 10).*

(15) *Si l'un des témoins ou les deux témoins ne savaient ou ne pouvaient pas signer, porter :*

L'un des témoins, M.   , ayant déclaré ne savoir écrire ni signer, *ou ne pouvoir signer,* attendu (*cause de l'empêchement*) ;

Ou les deux témoins ayant déclaré ne savoir écrire ni signer, *ou ne pouvoir signer,* attendu (*cause de l'empêchement*).

A bord, les jour, mois et an que dessus.

NOTA. Les expéditions de cet acte, à remettre à terre (*art. 87 du Code civil, page 13*), seront transcrites sur des feuilles imprimées qui seront délivrées à cet effet à l'officier instrumentaire, au départ du navire. (*Voyez page 23.*)

[N° 10.]

ACTE

A dresser, pendant un voyage de mer, pour constater qu'un enfant,
dont la naissance n'a pas été enregistrée, a été présenté sans vie.
(Décret du 4 juillet 1806.)

(1) *En toutes lettres.*
(2) *Matin ou du soir.*
(3) *Endroit, parage ou hauteur où se trouve le navire; s'il est mouillé, indiquer le nom du port ou de la rade.*
Si le navire est mouillé sur une rade, et qu'il ne puisse ou ne doive pas communiquer avec la terre, ajouter :
Étant en relâche forcée, par suite de mauvais temps ou d'avaries, ou de la présence de l'ennemi, mais ne pouvant communiquer avec la terre (parce que le navire appareillera, incessamment, ou par l'effet de ce mauvais temps), ou étant empêché, par l'effet du mauvais temps, de communiquer en ce moment avec la terre.
Si le navire est dans un pays étranger où il n'existe pas d'agent français, remplacer le paragraphe précédent par celui-ci :
Où il n'existe pas d'agent français.
(V. p. 6 de l'Instruction.)
(4) *Prénoms et nom.*
(5) *Grade au service.*
(6) *On (4-5), appelé, dans l'ordre du service, à remplacer M. (4), capitaine (maître ou patron), qui est mort, ou (cause de l'empêchement), ou M. (4-5) qui remplit les fonctions de capitaine (maître ou patron), attendu , ledit n'ayant pas l'âge requis par la loi pour exercer les fonctions d'officier instrumentaire.*
NOTA. *Si l'enfant appartenait à l'officier instrumentaire, l'acte serait à dresser par la personne qui doit le remplacer en cas de mort ou d'empêchement.*
Dans cette hypothèse, on fera mention de cette circonstance, dans l'acte, de la manière suivante :
Appelé, dans l'ordre du service, à remplacer M. , qui est le père de l'enfant, etc.
(7) *Si c'est un officier ou un passager, le lieu qu'il indiquera;*
Si c'est un marin, la division d'immatriculation ou le nom du quartier où il est inscrit en cette qualité;
Si c'est un militaire, le lieu du domicile de sa femme.
Dans le cas où le déclarant serait le père de l'enfant, et s'il demeurait, avant son embarquement, à Paris ou dans une des grandes villes de l'empire où il existe plusieurs arrondissements municipaux, rappeler, autant que possible, le nom de la rue ou du quartier qu'il habitait, afin de procurer les moyens de faire parvenir plus sûrement l'acte à l'officier de l'état civil de l'arrondissement indiqué par le père.

CEJOURD'HUI le (1) du mois d de l'an mil huit cent (1),
à (1) heure du (2) , étant à (3)

Par-devant nous (4) (5) capitaine (maître *ou* patron),
(6)
d l du port de
tonneaux, appartenant à MM. , et armé à

remplissant à bord les fonctions d'officier de l'état civil,

Est comparu (4) (5) , âgé de (1) , domicilié,
avant son embarquement, à (7) , arrondissement d
département d

(8) *Prénoms, noms, âges, grades ou professions et domiciles (avant leur embarquement) des deux témoins, qui doivent être pris parmi les officiers du navire, ou, à leur défaut, parmi les hommes de l'équipage.*

S'il n'y a qu'officier qui, d'après son âge, puisse servir de témoin, ajouter après les prénoms, nom, grade, etc. du témoin pris parmi l'équipage à défaut d'un second officier :

    À défaut d'un second officier à bord ayant l'âge requis par la loi ;

    Ou, s'il n'y a pas d'officiers à bord, ou s'il n'y en a pas classes âgés :

    Témoins pris tous deux parmi les gens de l'équipage, à défaut d'officiers à bord ; ou à défaut d'officiers ayant l'âge requis par la loi.

lequel, en présence d (8)

(9) *Masculin ou féminin.*

témoins, nous a présenté sans vie un enfant du sexe (9) et nous a déclaré que

(10) *Prénoms, nom, âge et profession de la mère.*

Son épouse (10)

passagère à bord, y est accouchée de cet enfant, qui est sorti du sein de sa mère le (1)   du mois d   de l'an mil huit cent (1)   , à (1)   heure du (2)

1° Si le père est présent.

Dame (10)   , passagère à bord, demeurant, avant son embarquement, à (7)   , arrondissement d   , département d   , femme légitime d (4)

(11) *Ou de feu (4).*

Nota. *Si le mari n'est pas mort, ajouter :*

Et empêché de comparaître pour (cause de l'empêchement), et domicilié à (7) arrondissement d département d.

(11)   y est accouchée de cet enfant, qui est sorti du sein de sa mère le (1)   du mois d   de l'an mil huit cent (1)   à heure du (2)

2° Si le père est absent ou mort.

Demoiselle (10)   , passagère à bord, demeurant, avant son embarquement, à (7)   , arrondissement d département d   , y est accouchée de cet enfant, qui est sorti du sein de sa mère le (1)   du mois d   de l'an mil huit cent (1)   , à (1)   heure du (2)

3° Si c'est un enfant naturel.

En foi de quoi nous avons dressé, à la suite du rôle d'équipage dudit navire, le présent acte, qui a été signé par (12)

(12) *Si le déclarant ou les témoins (on l'un d'eux) ne savaient ou ne pouvaient pas signer, on portera :*

    Les deux témoins, le déclarant ayant dit ne savoir écrire ni signer, ou ne pouvoir signer, attendu (cause de l'empêchement) ;

    Ou le déclarant et par l'un des témoins, M.   , second témoin, ayant dit ne savoir signer, attendu (cause de l'empêchement) ;

    Ou le déclarant, les deux témoins ayant dit ne savoir écrire ni signer, ou ne pouvoir signer, attendu (cause de l'empêchement).

(13) *V. l'article 38 du Code civil (page 10).*

et par nous, après leur en avoir donné lecture (13).

A bord, les jour, mois et an que dessus.

[N° 11.]

PROCÈS-VERBAL

A dresser { *pendant le cours d'un voyage de mer,*
dans les ports et rades de France, des colonies ou des
pays étrangers,

dans les cas où un individu disparaîtrait du bord, par suite d'un
événement quelconque.

---

(1) *En toutes lettres.*
(2) *Matin ou du soir.*
(3) *Endroit, parage ou hauteur où se trouve le navire; s'il est mouillé ou amarré, indiquer le nom du port, la rade, etc.*
(4) *Prénoms et nom.*
(5) *Grade au service. Division et numéro d'immatriculation, ou quartier, folio et numéro d'inscription.*
(6) *Ou (4, 5) appelé, dans l'ordre du service, à remplacer M. (4), capitaine (maître ou patron), qui est mort (ou cause de l'empêchement).*

CEJOURD'HUI le (1)   du mois d   de l'an mil huit cent (1),

à (1)   heure du (2),   , étant à (3)

Par-devant nous   (4)   (5), capitaine (maître *ou* patron)
(6)
du port de   tonneaux, appartenant à MM.   et
armé à

(7) *Prénoms et noms, grades ou professions des personnes (ou de la personne) qui ont donné l'avis de l'événement.*

comparu (7)

l quel nous   déclaré que   (4)   (5)

fils d   (*ou de feu*) et de   (*ou de feue*), âgé

de (1) ans, né à   , arrondissement d

département d   , domicilié, avant son embarquement,

(8) *Si l'individu disparu demeurait, avant son embarquement, à Paris ou dans une des grandes villes de France où il existe plusieurs arrondissements municipaux, rappeler, autant que possible, le nom du quartier ou de la rue qu'il habitait.*

à (8)   , arrondissement d

(9) *Déclaration textuelle des témoins de l'événement, sur ses causes et ses circonstances, et, s'il y a lieu, sur les moyens employés pour secourir l'individu disparu.*

Nota. S'il est tombé à la mer, relater avec soin si l'événement a eu lieu en vue ou hors de vue de côtes ou de bâtiment ou navires.

(9)

Et pour constater l'événement dont il s'agit, nous avons dressé sur le
rôle d'équipage, à la suite des actes de l'état civil, le présent procès-verbal,

(10) *Si les témoins (ou l'un d'eux) ne savaient ou ne pouvaient pas signer, on portera:*
L'un des témoins, M. (4), ayant déclaré ne savoir écrire ou ne pouvoir signer, attendu (*cause de l'empêchement*);
Ou les deux témoins ayant déclaré ne savoir écrire ni signer, ou ne pouvoir signer, attendu (*cause de l'empêchement*).

qui a été signé par (10)

et par nous, après leur en avoir donné lecture (11).

Ledit procès-verbal ne peut tenir lieu d'acte de décès, ni servir à dresser
l'acte de décès.

(11) *Voyez l'article 38 du Code Napoléon (page 10).*

A bord, les jour, mois et an que dessus.

BÂTIMENTS
DE L'ÉTAT
ET
NAVIRES DU COMMERCE.

PORT
d

Cet avis est à trans-
mettre, par les commis-
saires de marine char-
gés des armements ou de
l'inscription maritime,
aux commissaires des ar-
mements ou de l'inscrip-
tion maritime des ports
d'armement ou d'ins-
cription (s'il s'agit de
marine), et aux conseils
d'administration des
divisions ou des corps de
troupes (s'il s'agit de
marine du recrutement
de l'engagement volon-
taire ou de militaire).

[N° 12.]

MARINE DE L'ÉTAT.

ANNÉE
18 .

* Décès ou de
disparition.

AVIS DE *

(Lequel ne peut tenir lieu d'acte de
décès, ni servir à dresser l'acte de décès.)

Pour l

(1) *Prénoms et nom.*

(2) *En toutes lettres.*

LE nommé (1)

né le (2)   du mois d   .de l'an mil huit cent (2)   , à

arrondissement d   , département d

fils d (1) (*ou de feu*)   et d (1) (*ou de feue*)   , marié à (1)

(*ou veuf d* (1)   *ou* célibataire)

(3) *Grade au service, profession,*
emploi à bord, etc.
(4) Le   l
commandé par M.   , et
armé à
Ou l   du commerce l   , du port
de   tonneaux, appartenant à
MM.   , armé à   et commandé
par M.   , capitaine (maître ou
patron).
(5) *Immatriculé à la division d*
n°   ou bien inscrit au quartier d
l°   et n°   (si c'est un marin
passager ou faisant partie de l'équipage).
Dans le cas où il s'agit d'un militaire,
rappeler le corps, la compagnie, ainsi
que le n° de matricule; ou en qualité
de passager.
(6) *Est décédé (lieu du décès) le*
(2) du mois d   *de l'an*
mil huit cent (2), par suite d
(*genre de maladie ou de mort indiqué*
sur le rôle d'équipage, etc.).
Ou a disparu du bord le
du mois d   de l'an mil huit cent
(*causes et circonstances de la dispari-*
tion, autres que la désertion).
(7) *Des armements ou de l'inscrip-*
tion maritime.
(8) A M. le commissaire des armements à   , ou de l'inscription maritime du quartier d
ou au conseil d'administration d
(*corps*).
(9) La matricule dudit quartier
(*ou dudit corps*).
(10) *Et, s'il y a lieu, il sera ajouté :*
Une expédition de l'acte de décès a
été transmise par ledit commissaire
soussigné à l'officier de l'état civil
de la commune d   , département d   , qui, aux termes
de l'article 45 du Code civil, doit
seul en délivrer aux parties intéressées des extraits authentiques et
faisant preuve.

(3)

embarqué sur   (4)

et inscrit sur le rôle d'équipage, sous le n°   (5)

(6)

Le présent avis est donné par le soussigné, commissaire de la marine
chargé d (7)

(8)

afin qu'il en soit fait mention sur l   (9)

(10)

A   , le (2)   an mil huit cent (2)

(Cachet de service.)

TROISIÈME SECTION.

TESTAMENTS
ET SUSCRIPTIONS
DES ENVELOPPES
DEVANT LES CONTENIR.
{ Bâtiments de l'État............ (modèles n⁰ˢ 13 et 14).
Navires du commerce.......... (modèles n⁰ˢ 15 et 16).

BÂTIMENTS
DE L'ÉTAT.

TESTAMENT PAR ACTE PUBLIC

Fait sur mer, dans le cours d'un voyage, et reçu conformément à l'article 988 (livre III, titre II, chapitre V, section II) du Code civil.

(1) *En toutes lettres.*

(2) *Matin ou du soir.*

(3) *Endroit, parage ou hauteur où se trouve le bâtiment.*

(4) *Prénoms et nom.*

(5) *Grade au service.*

(6) 1° *Ou remplissant les fonctions de capitaine du* de l'État *l* , etc. par suite du décès ou (*cause de l'empêchement*) de M. titulaire.
2° *On embarqué sur l* *l* et délégué par le capitaine pour remplir, en son lieu et place, les fonctions d'officier instrumentaire, ledit capitaine ne pouvant quitter en ce moment le pont, attendu (*cause de l'empêchement*).
3° *Ou embarqué sur l* *l* , et délégué par le capitaine (ou par l'officier en second appelé au commandement), attendu (*cause*), pour remplir, en son lieu et place, les fonctions d'officier instrumentaire, ledit capitaine (ou ledit second) n'ayant pas l'âge requis par la loi.
4° *Ou embarqué sur l* *l* , et devant, dans l'ordre du service, remplacer M. , capitaine de ce bâtiment, attendu que (*prénoms et nom du testateur*) est parent (ou allié) dudit capitaine au degré prohibé par les lois (*indiquer le degré de parenté*).
5° *Ou embarqué sur l* *l* , et devant, dans l'ordre du service, remplacer M. , capitaine de ce bâtiment, attendu que l'un des parents, ou que plusieurs des parents dudit capitaine doivent, suivant la déclaration d (*prénoms et nom du testateur*), être compris dans les dispositions testamentaires qui vont suivre.

(7) *Profession, emploi, etc., division d* n° *d'immatriculation ou bien* quartier, folio et numéro d'inscription ou passager ou passagère à bord.

(8) *Si le testateur avait, avant son embarquement, habité Paris ou l'une des grandes villes de France où il existe plusieurs arrondissements municipaux, indiquer le nom de la rue et le numéro de la maison que ledit testateur déclarera.*

(9) *Poste, chambre, etc.*

(10) *On remplissant les fonctions d'officier d'administration, par suite du décès ou (cause de l'empêchement) de M.* titulaire;
Ou désigné par nous, nous trouvant également chargé de la comptabilité du bord;
Ou désigné par nous pour remplacer M. officier d'administration, attendu que, etc. (*comme ci-dessus, note 6* (4°); ou attendu que, etc. (*comme ci-dessus, note 6* (5°);
Ou désigné, etc. attendu qu'il est notre parent au degré prohibé par les lois.

NOTA. *Dispositions des articles 13, 15 et 16 de la loi du 16 mars 1803 (25 ventôse an XI) sur le notariat, applicables au présent testament.*

Les testaments doivent être écrits en un seul et même contexte, lisiblement, sans abréviations, blancs, lacunes ni intervalles.

Ils contiendront les noms, prénoms, qualités, demeures des parties ainsi que des témoins.

Ils énonceront *en toutes lettres* les sommes et les dates.

Les renvois et apostilles ne peuvent, sauf l'exception ci-après, être écrits qu'en marge; ils doivent être signés et parafés, tant par les personnes chargées de recevoir les testaments et de concourir à leur réception, que par le testateur et les témoins; si la longueur du renvoi exige qu'il soit transporté à la fin de l'acte, ce renvoi devra être non seulement signé et parafé comme les renvois écrits en marge, mais encore être expressément approuvé par les personnes qui viennent d'être désignées, à peine de nullité du renvoi.

Il ne doit y avoir ni surcharge ni interligne dans le corps de l'acte; les mots à supprimer seront rayés de manière que le nombre puisse en être constaté à la marge de leur page correspondante, ou à la fin de l'acte, et approuvés ainsi qu'il a été dit ci-dessus par les renvois écrits en marge.

CEJOURD'HUI le (1) du mois d de l'an mil huit cent (1) à (1) heure du (2) , étant a (3)

Nous (4) (5)
capitaine d *l* (6),
armé

ayant été appelé de la part d (4) (5) (7),
domicilié, avant son embarquement, a (8)
arrondissement d , département d ,
et inscrit sur le rôle d'équipage sous le n°

1° Gens de l'équipage, surnuméraires et passagers*.

Nous nous sommes transporté (9)
conjointement avec M. (4) , officier
d'administration (10)

* *Si le testateur est en état de marcher, il doit se présenter à l'officier instrumentaire; et alors celui-ci substituera à cette formule celle ci-après :*

Par-devant nous (4, 5) , capitaine d *l* (6) , armé a , assisté de M. (4) , officier d'administration (10) , s'est présenté, accompagné de MM. (14) , qu'il produit comme témoins de cet acte, M. (4, 5, 7) , domicilié, avant son embarquement, à (8) arrondissement d , département d , et inscrit sur le rôle d'équipage sous le n° , lequel nous a paru, ainsi qu'aux personnes susnommées (16) , et nous a dit que, pour prévenir l'heure de la mort, il nous requérait, etc. (*Le reste comme à la page suivante.*)

12.

(11) Embarqué sur l
armé a ;
devant, dans l'ordre du service, remplacer M. (4) (5)
capitaine du bâtiment, qui est le testateur.

(12) *Nom du testateur.*

Nous (4, 5) (11)
ayant été appelé de la part dudit (12)   , domicilié,
avant son embarquement, a (8)   , arrondissement
d   , département d   , et inscrit   } 2e Capitaine du bâtiment.
sur le rôle d'équipage sous le n°
Nous sommes transporté (6)
conjointement avec M.   , officier
d'administration de la marine (10)

Nous (4, 5, 6)
ayant été appelé de la part d (4)   , officier
d'administration du bâtiment, domicilié, avant son embar-
quement, a (8)   arrondissement   } 3e Officier d'administration du bâtiment*.
d   , département d   , et inscrit
sur le rôle d'équipage sous le n°
Nous sommes transporté (9)
conjointement avec M. (4)   (5)   (13)

---

(13) *Désigné par nous, ou, si l'officier instrumentaire n'est pas le capitaine du bâtiment, désigné par le capitaine pour remplacer ledit (12).*

(14) *Prénoms, noms, âges, grades ou domiciles (avant leur embarquement) des deux témoins qui doivent être présents.*

Nota. *Établir ainsi le domicile avant l'embarquement;*
Si c'est un officier ou un passager, le lieu qu'il indiquera;
Si c'est un marin, la division d'immatriculation ou le lieu du quartier où il est inscrit en cette qualité;
Si c'est un militaire, le lieu du domicile de sa femme, s'il est marié; ou celui de ses père et mère, s'il est célibataire.

(15) *Dans son lit, cadre (ou hamac), ou dans sa cabane, ou dans un fauteuil, sur une chaise, etc.*

(16) *Sain de corps et d'esprit, ou (s'il est malade ou blessé) quoique malade de corps (ou blessé), sain d'esprit et d'entendement.*

(17) *Nom de l'officier instrumentaire.*

(18) *Nom de la personne conjointement avec laquelle le testament est reçu, et des deux témoins.*

(19) *Pour concilier, en ce qui concerne les testaments des étrangers qui pourraient être embarqués, l'exécution des règlements qui prescrivent la rédaction des actes en langue française, et celle de l'article 972 du Code civil, l'officier instrumentaire pourra recevoir le testament dans la langue du testateur; mais alors il en portera la traduction française à mi-marge. (Voy. cet article, note 5, page 26.)*

où, étant présents MM. (14)
témoins,

Nota. Ces témoins ne peuvent être ni les légataires du testateur, à quelque titre qu'ils soient, ni ses parents ou alliés, ni les parents ou alliés de la personne chargée de recevoir le testament, ni enfin de la personne conjointement avec laquelle il doit être reçu. (*Voyez page 26 de l'Instruction.*)

Nous avons trouvé ledit (12)
(15)   , lequel nous a paru; ainsi qu'aux personnes
susnommées (16)
et nous a dit que, pour prévenir l'heure de la mort, il nous requérait, conformément à l'article 938 (livre III, titre II, chapitre V, section II) du Code civil, de recevoir ses dernières volontés, qu'il nous a dictées de mot à mot, et que nous (17)   avons écrites ainsi qu'il suit, en présence desdits sieurs (18)

Icelui a dit de sa propre bouche, après avoir recommandé son âme à Dieu :
Premièrement, je (19)

Nota. Il est impossible de faire connaître ici les différentes dispositions qui peuvent être insérées dans les testaments par actes publics, puisqu'elles sont subordonnées à la volonté des testateurs; cependant, pour éclairer lesdits testateurs à cet égard,

---

* *Si le testateur est en état de marcher, il doit se présenter à l'officier testamentaire; et alors, celui-ci substituera à cette formule celle ci-après :*
Par-devant nous (4, 5) capitaine d   l (6)   , armé a   , assisté de M. (4, 5, 13), s'est présenté, accompagné de MM. (14)   , qu'il produit comme témoins de cet acte, M. (4) officier d'administration du bâtiment, domicilié, avant son embarquement, à (8) arrondissement d   , département d   , lequel nous a paru, ainsi qu'aux personnes susnommées (16)   ; et nous a dit que, pour prévenir l'heure de la mort, etc. (*comme ci-dessus*).

on a indiqué ci-après (pages 101 et 102), *mais comme simples renseignements*, les formules de quelques-unes des dispositions principales qui peuvent être faites.

Ainsi qu'il a été dit (page 16 de l'Instruction), la reconnaissance d'un enfant naturel peut être faite par un acte spécial ou par un testament par acte public; dans ce dernier cas, le testateur doit déclarer à l'officier instrumentaire les nom et prénoms inscrits sur l'acte de naissance de l'enfant qu'il veut reconnaître par son testament, et procurer à cet officier, sur le lieu et la date de la naissance de cet enfant, sur le nom de la mère (*s'il a l'intention de l'indiquer*), les renseignements mentionnés (pages 68 et 69) dans la formule des actes de reconnaissance d'enfants naturels (modèle n° 2).

(20) *Prénoms et nom du testateur.*
(21) *Idem de la personne qui a assisté à la réception du testament.*

Tout ce que dessus nous a été dicté par (20) et lui a été lu et relu à voix distincte, ainsi qu'à (21) et aux deux témoins susnommés ; M. (12) a déclaré, en présence dudit sieur (21)   et lesdits témoins, le bien comprendre et y persévérer ;

Et pour que personne ne puisse ignorer que telle est sa volonté, il a signé le présent avec nous, et avec M. (21) et MM. (22)

{ *Si le testateur sait ou peut signer, et si les témoins savent écrire et signer.*

(22) *Noms des témoins.*

mais il nous a déclaré également ne savoir écrire ni signer ; ont ensuite signé avec nous, M. (21)   et MM. (22)

{ *Si le testateur ne sait écrire ni signer, et idem.*

(23) *Énoncer clairement la cause ou les causes de l'empêchement.*

mais il nous a déclaré également ne pouvoir signer, attendu (23)   ; et ont signé avec nous, M. (21)   et MM. (22)

{ *Si le testateur ne peut signer, idem.*

(24) *Nom du témoin qui sait écrire et signer.*
(25) *Idem qui ne sait écrire ni signer.*
(26) *Ne savoir écrire ni signer, ou ne pouvoir signer, attendu (cause de l'empêchement).*

Et pour que personne ne puisse ignorer que telle est sa volonté, il a signé le présent avec nous et avec M. (21) et M. (24)   , témoin ; quant à M. (25)   , second témoin, il nous a déclaré (26)

{ *Si le testateur peut ou sait signer, mais si l'un des témoins ne sait écrire ni signer, ou s'il ne peut signer (aux termes de l'article 998 du Code civil, le testament doit être signé au moins par l'un des deux témoins).* (V. p. 27.)

Ainsi fait, en double expédition, lu et passé à bord, les jour, mois et an que dessus.

Le testateur ayant pris la plume et tenté inutilement de signer, quoiqu'il eût déclaré qu'il le pourrait, ce qui a donné lieu à la mention précédente de sa signature, n'a pu tracer que les caractères imparfaits ci-dessus; ce qui est attesté par nous et les personnes susdénommées, et lecture a été faite de la présente attestation, après laquelle ont signé avec nous, M. (21) , et MM. (21)

Si, par l'effet de la maladie, un testateur qui a déclaré pouvoir signer, ne pouvait ensuite tracer que des caractères imparfaits, alors l'officier instrumentaire ajoutera au bas de cet acte le paragraphe ci-contre.

Nota. Si l'un des témoins ne sait écrire et signer, ou ne peut signer, se conformer à la formule de l'autre part (*note 26*).

Et le testateur, qui avait déclaré pouvoir signer, ce qui a donné lieu à la mention précédente de sa signature, ayant fait des efforts pour se lever et signer, est mort sans avoir pu apposer sa signature ; et lecture a été faite de la présente observation, après laquelle ont signé, etc. (*comme ci-dessus*).

Si le testateur meurt au moment où il se disposait à signer, l'officier instrumentaire se conformera à la formule ci-contre.

Nota. Les deux originaux du testament doivent être clos et scellés séparément (*Voyez le modèle ci-après n° 14.*)

BÂTIMENTS
DE L'ÉTAT.

Voyez, pour les renvois indiqués en marge ceux des mêmes numéros du modèle précédent.

[N° 14.]

SUSCRIPTION

De l'enveloppe qui doit renfermer chacun des originaux d'un testament par acte public.

NOTA. Les deux originaux du testament, revêtus des formalités et signatures indiquées au modèle n° 13, doivent être clos et scellés par l'officier instrumentaire, en présence :

1° De la personne conjointement avec laquelle le testament a été reçu;

2° Du testateur;

3° Des témoins.

(27) Premier ou second.

(27)   original du testament par acte public dressé le (1)
du mois d   de l'an mil huit cent (1)   , à bord d
l   , armé à   , par le soussigné,
conjointement avec M. (4)   , officier d'administration   (10)
       , et en présence de MM. (22)   témoins; et ce, sur la
réquisition de (4)
(5, 7)   (28)   , domicilié, avant son embarquement, à (8)
arrondissement d   , département d   , et inscrit sur
le rôle d'équipage sous le n°

28) *Si le testateur était mort avant l'accomplissement de cette formalité, substituer à ce qui précède le paragraphe suivant :*
M. (12)   , testateur, étant mort avant que nous ayons pu clore et sceller les originaux dudit testament.
Le testateur était domicilié, avant son embarquement à (8)   , etc.
(29) Contenant ledit testament ou servant d'enveloppe audit testament.
(30) *Couleur de la cire, ou, à défaut, désignation de la matière employée.*
(31) *Empreinte du cachet du testateur.*
Si le testateur n'a pas de cachet, faire apposer sa signature sur la fermeture de chaque paquet, et alors porter :
Et le testateur, n'ayant pas de cachet, a apposé sa signature sur la fermeture dudit papier;
Ou le testateur n'ayant pas de cachet, et ayant déclaré ne savoir écrire, ou ne pouvoir signer, attendu (*cause de l'empêchement*), nous, ainsi que les témoins, avons apposé nos signatures sur la fermeture dudit papier;
Ou le testateur étant mort comme il est dit ci-dessus, nous, ainsi que les témoins, avons apposé nos signatures sur la fermeture dudit papier.

(32) *Si l'un des témoins ne savait ou ne pouvait pas signer, porter :*
M. (4)   , l'un des témoins, a déclaré ne savoir écrire ni signer, ou ne pouvoir signer, attendu (*cause de l'empêchement*).

Le présent papier (29)
est scellé à sa fermeture avec (30)   , et par un cachet portant pour
empreinte (31)

A bord, les jour, mois et an que dessus (32).

NOTA. Ces deux originaux, une fois clos et cachetés, doivent rester entre les mains de l'officier instrumentaire, qui se conformera, pour leur remise à terre, aux articles 991 et 992 du Code civil (page 27 de l'Instruction);

Ces formalités remplies, les originaux du testament ne peuvent plus être ouverts à bord; toutes nouvelles dispositions de la part de celui qui aura fait dresser l'acte doivent être l'objet d'un nouveau testament (ou codicille).

Et, dans ce cas, le testateur, assisté de deux témoins, mandera l'officier instrumentaire du bâtiment, ou se présentera à lui; et cet officier exécutera les dispositions ci-dessus, tant pour la réception et la déclaration du nouveau testament (en double expédition) que pour les actes de suscription des enveloppes qui doivent le contenir.

L'officier instrumentaire restera également dépositaire des originaux de ce nouveau testament, et il en fera la remise à terre, ainsi qu'il est prescrit pour le premier.

[N° 15.]

TESTAMENT PAR ACTE PUBLIC

Fait sur mer, dans le cours d'un voyage, et reçu conformément à l'article 988 (livre III, titre II, chapitre V, section II) du Code civil.

NOTA. *Dispositions des articles 13, 15 et 16 de la loi du 16 mars 1803 (25 ventôse an XI), sur le notariat, applicables au présent testament.*

Les testaments doivent être écrits en un seul et même contexte, lisiblement, sans abréviations, blancs, lacunes ni intervalles.

Ils contiendront les noms, prénoms, qualités, demeures des parties, ainsi que des témoins.

Ils énonceront *en toutes lettres* les sommes et les dates.

Les renvois et apostilles ne peuvent, sauf l'exception ci-après, être écrits qu'en marge; ils doivent être signés et parafés, tant par les personnes chargées de recevoir les testaments et de concourir à leur réception, que par le testateur et les témoins; si la longueur du renvoi exige qu'il soit transporté à la fin de l'acte, ce renvoi devra être non seulement signé et parafé comme les renvois écrits en marge, mais encore être expressément approuvé par les personnes qui viennent d'être désignées, à peine de nullité du renvoi.

Il ne doit y avoir ni surcharge, ni interligne dans le corps de l'acte; les mots à supprimer seront rayés de manière que le nombre puisse en être constaté à la marge de leur page correspondante ou à la fin de l'acte, et approuvés, ainsi qu'il est dit ci-dessus pour les renvois écrits en marge.

---

(1) *En toutes lettres.*
(2) Matin ou du soir.
(3) *Endroit, parage ou hauteur où se trouve le navire.*
(4) *Prénoms et nom.*
(5) *Grade au service, division et numéro d'immatriculation, ou quartier, folio et numéro d'inscription.*
(6) *Ou remplissant à bord d l , du port d , appartenant à MM. , et armé à , les fonctions de capitaine (maître ou patron), par suite (cause de l'empêchement) ou du décès de M. , titulaire ;
Ou embarqué sur l l , et appelé, dans l'ordre du service à remplacer M. capitaine (maître ou patron), attendu que (prénoms et nom du testateur) est son parent ou son allié au degré prohibé par les lois (indiquer le degré de parenté) ;
Ou embarqué sur l l , etc. et appelé, dans l'ordre du service, à remplacer M. capitaine (maître ou patron), attendu que l'un des parents (ou que plusieurs des parents) dudit capitaine doivent, suivant la déclaration de (prénoms et nom du testateur), être compris dans les dispositions testamentaires qui vont suivre ;
Ou embarqué sur l l et appelé dans l'ordre du service, le capitaine (maître ou patron) étant (mort), ou (cause de l'empêchement) à remplacer M. (4), second (ou le plus élevé en grade) du navire, qui a pris le commandement, pour remplir, en son lieu et place, les fonctions d'officier instrumentaire, attendu que ce dernier ne sait pas écrire ou n'a pas l'âge requis par la loi.*

(7) *Passager ou passagère.*

(8) *Si le testateur avait, avant son embarquement, habité Paris ou l'une des grandes villes de France où il existe plusieurs arrondissements municipaux, indiquer le nom de la rue et le numéro de la maison que ledit testateur déclarera.*

(9) *Chambre, poste, etc.*

(10) *Qui vient après nous dans l'ordre du service;
Ou appelé par nous à défaut de (4), qui vient après nous dans l'ordre du service, ce dernier :
Ou ne sachant ni lire ni écrire;
Ou n'ayant pas l'âge requis par la loi;
Ou étant notre parent, ou étant parent de (4), qui est le testateur, etc.*

CEJOURD'HUI le (1)   du mois d   de l'an mil huit cent (1)
à (1) heure   du (2)   , étant à (3)
Nous (4)   (5)
capitaine (maître *ou* patron) d   l
du port de   tonneaux appartenant à M.
et armé à
      (6)

ayant été appelé de la part d (4)   (5)   (7)
domicilié, avant son embarquement, à (8)
arrondissement d   , département d
et inscrit sur le rôle d'équipage
Nous sommes transporté (9), conjointement avec M. (4)
         (5)   (10)

1° Gens de l'équipage et passagers *.

---

* *Si le testateur est en état de marcher, il doit se présenter à l'officier instrumentaire; et alors celui-ci substituera à cette formule celle ci-après :*

Par-devant nous (5)   , capitaine (maître ou patron) d   l
du port de   tonneaux, appartenant à MM.   , et armé à
         (6)   , s'est présenté accompagné de
MM. (11)   , qu'il produit comme témoins de cet acte, M. (4, 5, 7), domicilié, avant son embarquement, à (8)   , arrondissement d   , département d
et inscrit sur le rôle d'équipage , lequel nous a paru, ainsi qu'aux personnes susnommées (14),
et nous a dit, que, pour prévenir l'heure de la mort, il nous requérait, etc. (*Le reste comme à la page suivante.*)

Nous (4)   (5)

second du navire, devant remplacer M. (4)   (5)

capitaine (maître *ou* patron), qui est le testateur*, ayant été

appelé de la part dudit (4), domicilié, avant son embarque-

ment, à (8)   arrondissement d

département d   et inscrit sur le rôle d'équipage,

Nous sommes transporté (9),   conjointement avec

M. (4, 5, 10)

où, étant présents MM. (11)

témoins,

2ᵉ Capitaine (maître ou patron).

Nota. Ces témoins ne peuvent être ni les légataires du testateur, à quelque titre qu'ils soient, ni ses parents ou alliés, ni les parents ou alliés de la personne chargée de recevoir le testament, ni de la personne conjointement avec laquelle il doit être reçu, ni enfin les serviteurs des uns et des autres. (*Voyez p. 26 de l'Instruction.*)

Nous avons trouvé ledit (12)

(13)   lequel nous a paru, ainsi qu'aux personnes

susnommées (14)

et nous a dit que, pour prévenir l'heure de la mort, il nous requérait, con-

formément à l'article 988 (livre III, titre II, chapitre V, section II) du Code

civil, de recevoir ses dernières volontés, qu'il nous a dictées mot à mot,

et que nous (15)   avons écrites ainsi qu'il suit, en présence des-

dits sieurs (16)

Icelui a dit de sa propre bouche, après avoir recommandé son âme à

Dieu :

Premièrement, je (17)

Nota. Il est impossible de faire connaître ici les différentes dispositions qui peuvent être insérées dans les testaments par actes publics, puisqu'elles sont subordonnées à la volonté du testateur; cependant, pour éclairer lesdits testateurs à cet égard, on a indiqué ci-après (pages 101 et 102), *mais comme simples renseignements*, les formules de quelques-unes des dispositions principales qui peuvent être faites.

Ainsi qu'il a été dit (page 16 de l'Instruction), la reconnaissance d'un enfant naturel peut être faite par un acte spécial ou par un testament par acte public; dans ce dernier cas, le testateur doit déclarer à l'officier instrumentaire les noms et prénoms inscrits sur l'acte de naissance de l'enfant qu'il veut reconnaître par son testament, et procurer à cet officier, sur le lieu et la date de la naissance de cet enfant, sur le nom de la mère (*s'il a l'intention de l'indiquer*), les renseignements mentionnés (pages 80 et 81) dans la formule des actes de reconnaissance d'enfants naturels (modèle n° 8).

Tout ce que dessus nous a été dicté par (18)

et lui a été lu et relu à voix distincte, ainsi qu'à (19)

et aux deux témoins susnommés. M. (12)

a déclaré, en présence dudit sieur (19)   et desdits témoins, le bien

comprendre et y persévérer.

Et, pour que personne ne puisse ignorer que telle est sa

volonté, il a signé le présent avec nous et avec M. (19)

et MM. (20)

Si le testateur sait ou peut signer, et si les témoins savent écrire et signer.

13

mais il nous a déclaré également ne savoir ni écrire ni signer; ont ensuite signé avec nous M. (19)   et MM. (20)

---

mais il nous a déclaré également ne pouvoir signer, attendu (21)   ; et ont signé avec nous, M. (19) et MM. (20)

(21) *Énoncer clairement la cause ou les causes de l'empêchement.*

Et, pour que personne ne puisse ignorer que telle est sa volonté, il a signé le présent avec nous et avec M. (19) et M. (22)   , témoin; quant à M. (23) second témoin, il nous a déclaré (24)

(22) *Nom du témoin qui sait écrire et signer.*
(23) *Idem qui ne sait écrire et signer.*
(24) *Ne savoir écrire ni signer, ou ne pouvoir signer attendu (cause de l'empêchement).*

Ainsi fait, en double expédition, lu et passé à bord, les jour, mois et an que dessus.

Le testateur ayant pris la plume et tenté inutilement de signer, quoiqu'il eût déclaré qu'il le pouvait, ce qui a donné lieu à la mention précédente de sa signature, n'a pu tracer que les caractères imparfaits ci-dessus, ce qui est attesté par nous et les personnes susdénommées; et lecture a été faite de la présente attestation, après laquelle ont signé avec nous M. (19)   et MM. (20)   .

NOTA. Si l'un des témoins ne sait écrire et signer ou ne peut signer, se conformer aux indications ci-dessus (*note 24*).

Et le testateur, qui avait déclaré pouvoir signer, ce qui a donné lieu à la mention précédente de sa signature, ayant fait des efforts pour se lever et signer, est mort sans avoir pu apposer sa signature; et lecture a été faite de la présente observation, après laquelle ont signé, etc. (*comme ci-dessus*).

NOTA. Les deux originaux doivent être clos et scellés séparément. (*Voyez le modèle ci-après, n° 16.*)

[N° 16.]

Voyez, pour les renvois non indiqués en marge, ceux des mêmes numéros du modèle précédent.

SUSCRIPTION

De l'enveloppe qui doit renfermer chacun des originaux d'un testament par acte public.

NOTA. Les deux originaux du testament, revêtus des formalités et signatures indiquées au modèle n° 15, page 96, doivent être clos et scellés par l'officier instrumentaire, en présence :

1° De la personne conjointement avec laquelle le testament a été reçu;

2° Du testateur;

3° Des témoins.

---

25) Premier ou second.

(25) original du testament par acte public dressé le (1) du mois d de l'an mil huit cent (1) , à bord d l du port de tonneaux, appartenant à MM. et armé à par le soussigné, conjointement avec M. (19) , et en présence de MM. (20) , témoins, et ce sur la réquisition de (4, 5, 7) (26) , domicilié, avant son embarquement, à (8) , arrondissement d , département d , et inscrit sur le rôle d'équipage

(26) *Si le testateur était mort avant l'accomplissement de cette formalité, substituer à ce qui précède le paragraphe suivant :*
M. (12) , testateur, étant mort avant que nous ayons pu clore et sceller les originaux dudit testament.
Ledit testateur étant domicilié, avant son embarquement, à (8), etc.

(27) Contenant ledit testament ou servant d'enveloppe audit testament.

(28) *Couleur de la cire,* ou, à défaut, *désignation de la matière employée.*

(29) *Empreinte du cachet ou de toute autre marque.*
Si le testateur n'a pas de cachet, faire apposer sa signature sur la fermeture de chaque paquet, et, alors, porter :
Et le testateur n'ayant pas de cachet, il a apposé sa signature sur la fermeture dudit papier;
Ou le testateur n'ayant pas de cachet et ayant déclaré ne savoir écrire ni signer, ou ne pouvoir signer, attendu (*cause de l'empêchement*), nous, ainsi que les témoins, avons apposé nos signatures sur la fermeture dudit papier;
Ou le testateur étant mort comme il est dit ci-dessus, nous, ainsi que les témoins, avons apposé nos signatures sur la fermeture dudit papier.

(30) *Si l'un des témoins ne savait ou ne pouvait signer, porter :*
M. (4) , l'un des témoins, a déclaré ne savoir écrire ni signer, ou ne pouvoir signer, attendu (*cause de l'empêchement*).

Le présent papier (27)

est scellé à sa fermeture avec (28) - et par un cachet portant pour empreinte (29)

À bord, les jour, mois et an que dessus (30).

NOTA. Ces deux originaux, une fois clos et cachetés, doivent rester entre les mains de l'officier instrumentaire, qui se conformera, pour leur remise à terre, aux articles 991 et 992 du Code civil (*pages 27 et 28 de l'Instruction*).

Ces formalités remplies, les originaux du testament ne peuvent plus être ouverts à bord; toutes nouvelles dispositions de la part de celui qui aura fait dresser l'acte devront être l'objet d'un nouveau testament (ou codicille).

Et, dans ce cas, le testateur, assisté de deux témoins, mandera l'officier instrumentaire du navire, ou se présentera à lui; et cet officier exécutera les dispositions ci-dessus, tant pour la réception et la rédaction du nouveau testament (en double expédition) que pour les actes de suscription des enveloppes qui doivent le contenir.

L'officier instrumentaire restera également dépositaire des originaux de ce nouveau testament, et il en fera la remise à terre, ainsi qu'il est prescrit pour le premier.

QUATRIÈME SECTION.

FORMULES

De quelques dispositions testamentaires qui peuvent être insérées dans les testaments olographes ou par acte public, ET QUI SONT INDIQUÉES ICI COMME SIMPLES RENSEIGNEMENTS.

Je donne et lègue à dame (*prénoms et nom*) domiciliée à   , rue   , n°   , arrondissement d   , département d   , ma femme, tous les biens meubles et immeubles qui m'appartiendront au jour de mon décès, pour en jouir et disposer par elle en toute propriété et jouissance, l'instituant, à cet effet, ma légataire universelle.

> 1° Legs universel, s'il n'y a pas d'héritier ayant droit à une réserve.
>
> En toute propriété par un mari à une femme.

Je donne, etc. (*comme ci-dessus*), ma femme, l'usufruit, pendant sa vie, de tous les biens, etc. (*comme ci-dessus*), pour en jouir par elle, à compter dudit jour de mon décès, sans qu'elle soit tenue de former la demande en délivrance du présent legs*, l'instituant, à cet effet, ma légataire universelle, en usufruit seulement.

> En usufruit *idem*.

Je donne, etc. (*comme ci-dessus*), ma femme, moitié en usufruit seulement, de tous les biens, etc. (*comme ci-dessus*), pour en jouir par elle pendant sa vie, à compter du jour de mon décès.

> 2° Legs à titre universel.
>
> Par un mari à sa femme, de la moitié en usufruit seulement.

Je donne, etc. (*comme ci-dessus*), ma femme, un quart en usufruit seulement, et un autre quart en toute propriété, de tous les biens, etc.   , pour jouir, savoir, pendant sa vie seulement, du premier quart, et jouir et disposer en toute propriété de l'autre quart; le tout à compter du jour de mon décès.

> *Idem* de la portion disponible, lorsqu'il y a des enfants.

NOTA. Ces legs peuvent être faits de la même manière par une femme à son mari.

---

* Si l'intention du testateur est de dispenser sa femme de fournir caution, on devra ajouter : et de fournir caution.

Je donne et lègue :

1° Aux pauvres de la commune d   , arrondissement
d   , département d   , la somme d (*en toutes lettres*), une fois
payée; je veux que cette somme soit remise au maire (*ou* au curé de la paroisse)
de ladite commune, pour en faire la distribution.

2° A (*prénoms, nom*), présent à bord (*ou* domicilié à   , rue   ,
arrondissement d   , département d   ), mon domestique, s'il
est encore à mon service le jour de mon décès, une somme de (*en toutes lettres*),
une fois payée, *ou* (*sommes en toutes lettres*) de rente annuelle *ou* viagère,
exempte de toute retenue, et payable, par trimestre, de trois mois en trois
mois, laquelle rente commencera à courir du premier jour du trimestre dans
lequel je serai décédé.

3° A mon parent (*degré de parenté*) une somme de (*en toutes lettres*) une fois
payée (*ou* un bijou, un meuble, immeuble ou effet quelconque).

4° A (*prénoms, nom et domicile*), mon ami, une somme de (*en toutes lettres*)
une fois payée (*ou* un bijou, un meuble, etc.), que je le prie d'accepter comme
un gage de mon amitié.

5° Par préciput et hors part, à (*prénoms et nom*), mon fils (*ou* ma fille), ma
maison située à   , département d   (*ou* tout autre bien), con-
sistant   , et tout le mobilier qui s'y trouve, à l'exception des deniers
comptants et créances, pour en jouir et disposer par lui (*ou* par elle) en pleine
propriété et jouissance, à compter du jour de mon décès.

3° Legs particuliers

1° Je donne et lègue, par préciput et hors part, à (*prénoms*), mon fils aîné,
toute la portion des biens dont la loi me permet de disposer.

2° J'institue pour mes héritiers, chacun par égale portion, dans tous mes
autres biens, meubles et immeubles, tous ceux de mes enfants qui se trouveront
vivants au jour de mon décès; et, dans le cas où l'un de mes enfants ou quelques-uns d'eux seraient décédés avant moi et auraient laissé des enfants en ligne
directe qui m'auraient survécu, j'institue lesdits descendants pour la portion qui
serait revenue à l'enfant dont ils seront descendus, s'il m'avait survécu.

4° Institution d'héritiers avec legs, par préciput, de la portion disponible au profit de l'aîné des enfants, etc.

Je donne et lègue :

1° A (*prénoms, nom et domicile*), mon neveu, la somme de (*en toutes lettres*),
s'il épouse demoiselle (*prénoms, nom et domicile*). Cette somme lui sera payée le
lendemain de la célébration du mariage.

2° A dame (*prénoms, nom et domicile*), épouse d (*prénoms et nom*), la somme
de (*en toutes lettres*), sous la condition que cette somme n'entrera point dans la
communauté, mais sera propre à ladite dame.

5° Legs conditionnels.

Je nomme pour exécuteur du présent testament M. (*prénoms, nom, qualité* ou
profession et domicile), que je prie de vouloir bien prendre cette peine;

Et, s'il y a lieu, pour faciliter cette exécution, je lui donne la saisine pendant
l'an et jour.

Je le prie d'accepter pour diamant', et comme un gage de mon amitié, une
somme de (*en toutes lettres*), une fois payée; *ou*. . . . .

Nomination d'un exécuteur testamentaire, avec saisine, s'il y a lieu.

Je révoque tous testaments *ou* codicilles que j'ai pu faire avant le présent,
auquel seul je m'arrête, comme contenant mes dernières volontés.

Clause de révocation de testaments antérieurs (s'il y a lieu).

' Le mot *diamant* est consacré par l'usage ; il exprime le legs particulier qui peut être fait à l'exécuteur testamentaire

CINQUIÈME SECTION.

ACTES DE SUSCRIPTION

De testaments olographes ou de papiers trouvés dans les malles, sacs, etc. d'individus morts à bord, disparus, etc.

———

Bâtiments de l'État. . . . . (Modèles n°s 17 et 18).
Navires du commerce . . . . (Modèles n°s 19 et 20).

[Nº 17.]

ACTE DE SUSCRIPTION

D'un Testament olographe ou de Papiers ouverts et non cachetés trouvés dans la malle, le sac, etc. d'un individu mort à bord, disparu, etc.

---

(33) Original ou copie faite par nous soussigné.
(34) La malle, le sac, etc.

(35) Décédé à bord, le par suite d (*cause de la mort*) ou disparu du bord, le { *motif de la disparition*).
(36) *S'il y a lieu :* servant d'enveloppe.

(33)   d'un testament olographe trouvé ouvert et non cacheté dans (34)   de M. (4, 5, 7)   , domicilié, avant son embarquement, à (8) arrondissement d   ., département d (35) et inscrit sur le rôle d'équipage sous le nº

Le présent papier (36)   est scellé à sa fermeture avec (3o)   et par un cachet portant pour empreinte

1º S'il s'agit d'un testament olographe.

---

(37) Indiquer la nature de ces papiers.

Le présent papier (35) contient :
1º (37)
2º (37)
trouvé ouvert et non cacheté dans (34)   de M. (4, 5, 7)   , domicilié, avant son embarquement, à (8)   arrondissement d   , département d   (35) et inscrit sur le rôle d'équipage sous le nº est scellé à sa fermeture avec (3o)
(*comme ci-dessus*)

2º S'il est trouvé des papiers qui, par leur nature ou leur importance, devront être clos et scellés.

---

(33) *Prénoms, noms, grades et qualités des personnes qui ont dressé l'inventaire des effets* (modèles H, I, J, K, *pages 46 à 55*).

et ont signé avec nous MM. (38)

Le présent papier, dont nous nous reconnaissons dépositaire, sera fidèlement remis à terre, par nos soins, aussitôt que faire se pourra.

A bord d   l
le (1)   du mois d   .   de l'an mil huit cent (1)
étant à (3)

Voyez, pour les renvois non indiqués en marge, ceux des mêmes numéros des modèles nº 13, Testament par acte public (*page 91*), et nº 14, Acte de suscription (*page 95*).

Voyez, pour les renvois non indiqués en marge, ceux des mêmes numéros des modèles n° 13, Testament par acte public (page 91), n° 14, Acte de suscription (page 93), et n° 17 (page 105).

[N° 18.]

ACTE DE SUSCRIPTION

D'un Testament olographe ou de Papiers clos et scellés trouvés dans la malle, le sac, etc. d'un individu mort à bord, disparu, etc.

---

(39) Décrire la matière, la couleur et l'empreinte du cachet apposé, ou ce qui peut servir à constater l'état dans lequel le paquet a été trouvé.

Le présent papier (35) a été trouvé clos et scellé (39) dans (34)   de M. (4, 5, 7)   domicilié, avant son embarquement, à (8)   , arrondissement d   , département d
(35)   et inscrit au rôle d'équipage sous le n°   .

La reconnaissance en a été faite par nous soussigné, en présence de MM. (38)   , qui ont signé avec nous.

Le présent papier, dont nous nous reconnaissons dépositaire, sera remis fidèlement à terre, par nos soins, aussitôt que faire se pourra.

A bord d   l
(3)   du mois d   de l'an mil huit cent (1)   , étant à (3)

[N° 19.]

ACTE DE SUSCRIPTION

D'un Testament olographe ou *de Papiers ouverts et non cachetés trouvés dans la malle, le sac, etc. d'un individu mort à bord, disparu, etc.*

Voyez, pour les renvois non indiqués en marge, ceux des mêmes numéros des modèles n° 15, Testament par acte public (page 96), et n° 16, Acte de suscription (page 99).

(31) Original, ou copie faite par nous soussigné.
(32) La malle, le sac, etc.

(33) Décédé à bord, la par suite d (*cause de la mort*), ou disparu du bord, le (*motif de la disparition*).
(34) S'il y a lieu : servant d'enveloppe.

(3 1)   d'un testament olographe trouvé ouvert
et non cacheté dans (3 2)   de
M. (4, 5, 7)   , domicilié, avant son embarquement, à (8)   ; arrondissement d   ,
département d   (33)   , inscrit sur le rôle d'équipage.
     Le présent papier (34)   est scellé à sa fermeture avec
(2 8)   et par un cachet portant pour empreinte (2 9)

1° S'il s'agit d'un testament olographe.

---

(35) *Indiquer la nature de ces papiers.*

     Le présent papier (34) contient :
          1° (3 5)
          2° (3 5)
trouvé ouvert et non cacheté, dans (3 2)
de M. (4, 5, 7)   , domicilié, avant son embarquement, à (8)   , arrondissement d
département d   (33)   , inscrit sur le rôle d'équipage,
est scellé à sa fermeture avec (2 8)   , etc. (*comme
ci-dessus*).

2° S'il est trouvé des papiers qui, par leur nature ou leur importance, semblent devoir être clos et scellés.

(36) *Prénoms, noms, grades et qualités des personnes qui ont dressé l'inventaire des effets (modèles M et N, pages 58 à 62).*

     Et ont signé avec nous
MM. (36)

     Est scellé à sa fermeture (*désignation de la matière employée*), et, à défaut de cachet, les personnes ci-après nommées, ainsi que nous, avons apposé nos signatures sur ladite fermeture.

S'il n'existe pas de cachet à bord.

     Le présent papier, dont nous nous reconnaissons dépositaire, sera remis fidèlement à terre, par nos soins, aussitôt que faire se pourra.

     A bord d   l   , du
port de   tonneaux, appartenant à MM.
et armé à   , le (1)   du mois d   de l'an mil
huit cent (1)   , étant à (3)

[N° 20.]

ACTE DE SUSCRIPTION

D'un testament olographe ou de Papiers clos et scellés trouvés dans la malle, le sac, etc. d'un individu mort à bord, disparu, etc.

Voyez, pour les renvois non indiqués en marge, ceux des mêmes numéros des modèles n° 15, Testament par acte public (page 96), n° 16, Acte de suscription (page 99), et n° 19. (page 107).

(37) *Décrire la matière, la couleur et l'empreinte du cachet apposé, ou ce qui peut servir à constater l'état dans lequel le paquet a été trouvé.*

Le présent papier (34)   a été trouvé clos et scellé (37) dans (32)   de M. (4, 5, 7)   , domicilié, avant son embarque-ment, à (8)   , arrondissement d   , département d   , (33), et inscrit au rôle d'équipage.

La reconnaissance en a été faite par nous soussigné, en présence de MM. (36)   , qui ont signé avec nous.

Le présent papier, dont nous nous reconnaissons dépositaire, sera remis fidèlement à terre, par nos soins, aussitôt que faire se pourra.

A bord d   l   du port de   tonneaux, appartenant à MM.
et armé à   , le (1)   ·   du mois d   de l'an mil huit cent (1), étant à (3)

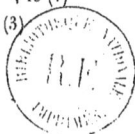

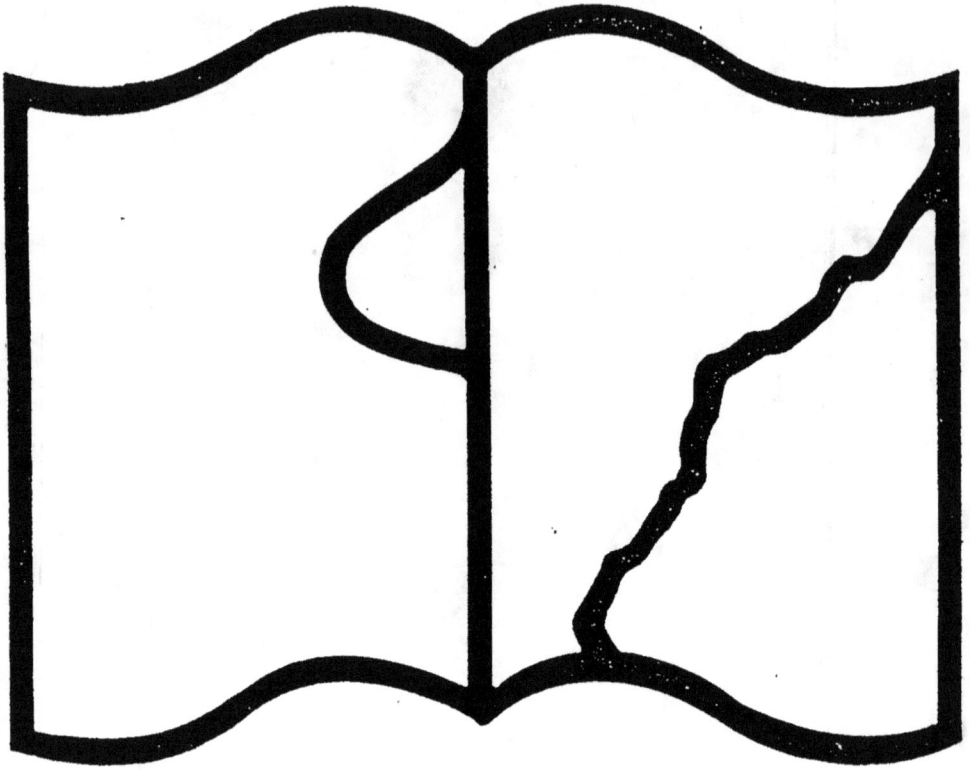

Texte détérioré — reliure défectueuse

NF Z 43-120-11

www.ingramcontent.com/pod-product-compliance
Lightning Source LLC
Chambersburg PA
CBHW052041270326
41931CB00012B/2585